GUIDE INDISPENSABLE

DES VOYAGEURS

SUR LE CHIMIN DE FER

DE PARIS A ORLEANS.

AVIS

La composition conservée permettant de tenir ce petit livre toujours au courant des changements qui peuvent survenir au chemin de fer, les voyageurs sont assurés qu'il est toujours exact au moment où ils l'achètent.

IMPRIMERIE DE E. DUVERGER,
rue de Verneuil 4.

GUIDE INDISPENSABLE

DES VOYAGEURS

SUR LE CHEMIN DE FER

DE PARIS A ORLÉANS,

(Section de Paris à Corbeil),

AVEC UNE CARTE DU CHEMIN DE FER,

SUIVI

D'UNE NOTICE HISTORIQUE ET DESCRIPTIVE

DU CHATEAU

ET DE LA FORÊT DE FONTAINEBLEAU.

PAR M. J. DUPLESSY.

PARIS

AU BUREAU, RUE CASSETTE, N° 13,
ET AUX EMBARCADÈRES DE PARIS ET DE CORBEIL.

1841

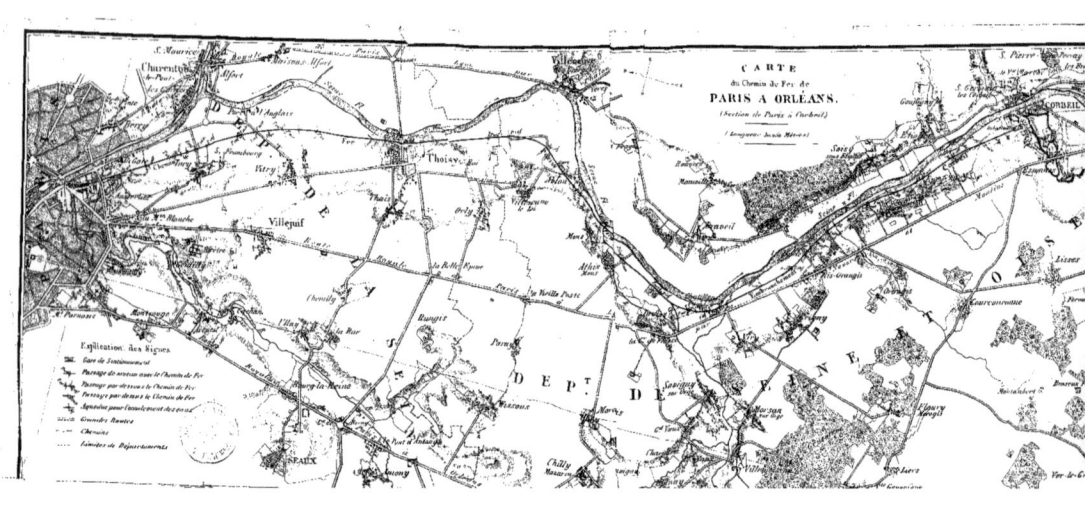

CHEMIN DE FER

DE PARIS A ORLÉANS

LÉGISLATION,—STATUTS.

La confection du chemin de fer de *Paris* à *Orléans* fut autorisée en 1838, par une loi du 7 juillet, qui en accorda la concession à MM. Casimir Leconte et Comp. pour une durée de 70 ans, sous les conditions du cahier des charges annexé à ladite loi.

Dans le trajet de *Paris* à *Orléans*, trois embranchements devaient se diriger sur les villes de *Corbeil*, *Arpajon* et *Pithiviers*.

Par suite de la concession accordée, une Société anonyme fut formée, et une ordonnance royale du 13 août 1838 en approuva les statuts.

Mais depuis lors, est intervenue la loi du 15 juillet 1840, par laquelle l'État garantit à la Compagnie du chemin de fer de *Paris* à *Orléans* un *minimum* d'intérêt annuel de *quatre pour cent* pendant 46 ans et 324 jours, à dater du jour où le chemin de fer sera terminé et livré à la circulation dans toute son étendue, et à la charge par la Compagnie d'employer annuellement *un* pour cent à l'amortissement de son capital.

Le capital auquel s'applique cette garantie d'intérêt ne peut excéder celui déterminé par les statuts joints à l'ordonnance du 13 août 1838 (*quarante millions de francs*).

A cette loi du 15 juillet 1840 a été annexé un nouveau cahier des charges qui remplace celui joint à la loi de 1838, et porte la durée de la concession à 99 ans ; ce nouveau cahier des charges réduit les *trois* embranchements à un *seul*, celui sur *Corbeil*.

Les dispositions de la loi du 15 juillet 1840 ayant obligé à modifier les statuts de la Société approuvés le 10 août 1838, de nouveaux statuts rédigés le 14 janvier 1841 (notaire, Foucher, à Paris) ont été homologués par ordonnance royale du 31 janvier 1841.

D'après ces statuts :

La Société est formée pour la durée de la concession (quatre-vingt-dix-neuf ans) ; — son siége est à Paris. — Le fonds social est de 40 millions de francs ; ce fonds, complétement souscrit, est divisé en 80 mille actions *au porteur*, de 500 francs chacune. — La compagnie est administrée par un conseil d'administration, et par un comité de direction et des travaux. — Le conseil d'administration est composé de *douze* membres (1) ; chaque administrateur doit posséder soixante actions qui sont inaliénables pendant la durée de ses fonctions. Les fonctions des administrateurs sont gratuites. — Le comité de direction et des travaux se compose de trois directeurs, de l'ingénieur en chef, chargé de l'exécution des travaux, et de l'ingénieur du matériel ; chaque directeur doit être propriétaire de cent actions inaliénables pendant ses fonctions. — L'assemblée générale, régulièrement constituée, représente l'universalité des actionnaires ; l'assemblée générale se compose de tous les actionnaires porteurs de *vingt* actions, ou plus ; elle est régulièrement constituée, lorsque les actionnaires présents sont au nombre de trente, ou plus, et représentent au moins le dixième du fonds social. — *Vingt* actions donnent droit à *une* voix ; le même actionnaire ne peut réunir plus de *cinq* voix. — Pendant l'exécution des travaux, et à partir du 1er janvier 1841, jusqu'au jour où le chemin sera terminé et livré à la circulation dans toute son étendue, chaque action a droit à un intérêt annuel de *quatre* pour cent sur le montant des versements effectués ; — le chemin

---

(1) Voir, pages 13 et 14, la composition du conseil d'administration et tout le personnel.

une fois terminé et livré à la circulation, il sera prélevé chaque année sur l'excédant des produits, après le paiement des charges :

1° *Un* pour cent du capital social qui sera employé, conformément à la prescription de la loi du 15 juillet 1840, à l'amortissement des actions par voie de remboursement de leur capital nominal ;

2° *Trois* pour cent du capital social, pour servir aux actions amorties ou non amorties, un intérêt annuel de *trois* pour cent ; le surplus des produits sera réparti à titre de dividende entre toutes les actions, à raison de 1/80,000ᵉ par action.

Tous intérêts et dividendes qui n'auront pas été touchés à l'expiration de *cinq* années seront acquis à la Société. — La désignation des actions à amortir aura lieu au moyen d'un tirage au sort, qui se fera publiquement chaque année à Paris, **aux époques à fixer ultérieurement.**

TABLEAU DE L'AMORTISSEMENT DU FONDS SOCIAL
de *quarante millions* (80,000 actions), en 46 ans et 324 jours.

Années.	Actions.	Années.	Actions.	Années.	Actions.	Années.	Actions
		Report. .	11.353	Report. .	27,541	Report. .	50,620
1ʳᵉ . . .	800	13ᵉ . . .	1141	25ᵉ . . .	1626	37ᵉ . . .	2319
2. . . .	824	14. . . .	1175	26. . . .	1675	38. . . .	2388
3. . . .	848	15. . . .	1210	27. . . .	1725	39. . . .	2460
4. . . .	874	16. . . .	1246	28. . . .	1777	40. . . .	2534
5. . . .	901	17. . . .	1284	29. . . .	1831	41. . . .	2609
6. . . .	927	18. . . .	1322	30. . . .	1885	42. . . .	2688
7. . . .	955	19. . . .	1362	31. . . .	1942	43. . . .	2769
8. . . .	984	20. . . .	1403	32. . . .	2000	44. . . .	2851
9. . . .	1014	21. . . .	1445	33. . . .	2060	45. . . .	2937
10. . . .	1044	22. . . .	1488	34. . . .	2122	46. . . .	3026
11. . . .	1075	23. . . .	1533	35. . . .	2185	47(p.324j.)	2799
12. . . .	1107	24. . . .	1579	36. . . .	2251		
à report.	11,353	à report.	27,541	à report.	50,620	Total. . .	80,000

NOTICE

SUR LE CHEMIN DE FER

DE PARIS A ORLÉANS.

(Section de Paris à Corbeil.)

La Compagnie des chemins de fer de Paris à Orléans n'avait pas attendu, pour se mettre à l'œuvre, les modifications aux clauses de la concession que nous avons relatées; dès le mois d'août 1839, les travaux avaient été entrepris jusqu'à *Juvisy*, sur la ligne de *Paris à Orléans*, et, à partir de *Juvisy*, sur l'embranchement de *Corbeil*.

De PARIS à *Juvisy*, la longueur est de 20 kilom.
De *Juvisy* à CORBEIL, — — 11 —
De *Juvisy* à ORLÉANS, — — 100 —

Ainsi de PARIS à CORBEIL la ligne a 31 kilom., soit 7 lieues trois quarts de 4000 mètres; de PARIS à ORLÉANS la ligne aura 120 kilom., soit 30 lieues (1).

Le chemin de PARIS à *Juvisy*, et de ce point sur *Corbeil*, n'a pas exigé de grands travaux d'art : quelques ponts, quelques passerelles, quelques passages inférieurs ou supérieurs, et surtout le grand viaduc à *Choisy-le-Roi*, là se bornent les ouvrages d'art; le surplus de la ligne n'a demandé que des tranchées peu profondes ou de légers remblais, dont la plus grande partie ne semble avoir eu pour but, aux endroits où le chemin longe la *Seine*, que de mettre le *rail-way* à l'abri des inondations du fleuve. Toutefois, dans la partie qui traverse le territoire d'*Ablon*, le chemin avait dû être établi dans une tranchée de huit mètres de profondeur en *maximum*, et de cinq cents mètres de longueur. Les travaux de cette tranchée ne semblaient offrir aucune difficulté sérieuse, et on devait espérer que, conduits rapidement, ils auraient permis l'ouverture de la *Section de Corbeil* pour les premiers jours de juillet 1840; des accidents qu'il était impossible de prévoir y mirent obstacle.

(1) Les travaux sur Orléans ont été repris en mars 1841, et se poursuivent simultanément depuis *Juvisy* vers *Orléans*, et depuis *Orléans* vers *Paris*. Tout fait espérer que cette importante ligne sera terminée à la fin de 1842

Le terrain sur lequel la tranchée d'*Ablon* avait été creusée est entrecoupé de bancs de glaise qui, par leurs dispositions particulières, avaient échappé à des études aussi minutieuses qu'éclairées, et quand la tranchée fut ouverte jusqu'aux deux tiers de sa longueur, des éboulements considérables s'y produisirent; le coteau d'*Ablon* tout entier se crevassa jusqu'à une distance de cent à cent cinquante mètres de la ligne des travaux, une portion des terres s'avança dans la tranchée dont le fond même fut soulevé à deux mètres, et tandis que les parties déblayées se remplissaient par des soulèvements du fond et par des éboulements latéraux, il se produisait sur le penchant du coteau des affaissements de trois et quatre mètres de profondeur. Cet accident, aussi grave qu'imprévu, dut amener la suspension forcée des travaux ; divers moyens, pour parer à cette sorte de phénomène géologique, furent proposés, et successivement rejetés, soit comme incertains ou insuffisants, soit comme impraticables ou trop coûteux. Enfin un mode, le plus simple et le moins dispendieux de tous, et de l'exécution la moins longue, prévalut; on se borna à délaisser le premier tracé, et à porter cette partie du chemin sur une autre ligne plus rapprochée de la *Seine*, suivant à peu près le pied du coteau et dispensant de toute tranchée; les nouveaux travaux furent conduits avec une telle activité, qu'on put ne pas ajourner au-delà de la première quinzaine de septembre l'ouverture de la section de *Corbeil*, qu'on avait espéré pour le mois de juillet, et elle eut lieu en effet le 20 septembre 1840.

Depuis ce jour, l'exploitation de la section de *Paris* à *Corbeil* s'est développée avec un succès qui s'est à peine ressenti de l'hiver rigoureux qui suivit de si près l'ouverture, succès que le retour du printemps a déjà sensiblement accru et que les beaux jours de l'été doivent augmenter encore.

Le *matériel* pour l'exploitation de *Paris* à *Corbeil* se compose, actuellement, de :

22 Locomotives.
13 Tenders (1).
15 Voitures de 1re classe à 24 places, pour voyageurs.
65 — de 2e — à 30 — Id.
30 — de 3e cl. (2) à 30 — Id.

(1) On appelle *tender* le wagon qui suit immédiatement la *locomotive*, et qui contient l'eau et le *cooke* destinés à alimenter la machine.
(2) Ce n'est que depuis le 1er avril que les voitures de *troisième* classe (*Wagons découverts*) sont en activité.

6 Wagons à bagages.
10 — à transport de voitures.
4 — à chevaux.
10 — à marchandises.

Ce matériel va recevoir les augmentations que commande l'importance croissante de l'exploitation.

Les tableaux suivants font connaître les résultats de l'exploitation de la section de *Corbeil* jusqu'au 31 mai 1841.

MOUVEMENT MENSUEL DES VOYAGEURS
Du 20 septembre 1840 au 31 mai 1841.

MOIS.	NOMBRE DE VOYAGEURS PAR VOITURES DE			TOTAUX.
	1re classe.	2e classe.	3e classe. Wag. découverts.	
Septembre 1840 (1).	2,507	22,973	»	25,480
Octobre —	6,751	66,861	»	73,612
Novembre —	3,869	47,476	»	51,345
Décembre —	2,411	45,365	»	47,776
Janvier 1841.	1,931	41,058	»	42,989
Février —	2,358	40,850	»	43,208
Mars —	4,347	52,455	»	56,802
Avril —	4,607	32,438	32,558 (2)	69,603
Mai —	6,999	37,494	50,086	94,579
Totaux.	35,780	386,970	82,644	505,394

Il résulte du mouvement des voyageurs, pendant les mois écoulés depuis l'ouverture de la section de *Paris* à *Corbeil* jusqu'au 31 mai 1841, que leur nombre, qu'on ne peut apprécier, quant au mois de septembre, que pour la *dernière dizaine*, a suivi à peu près la proportion de cette *dizaine* pendant *octobre*, puisqu'il a subi, en *novembre*, une diminution, devenue plus forte en *décembre*, *janvier* et *février*, diminution qu'explique tout naturellement la rigueur de la saison; aussi, dès le mois de *mars*, voit-on la progression commencer, aller croissant en *avril* et *mai*, d'où il semble permis d'inférer qu'elle continuera pendant les mois suivants.

(1) La section n'ayant été ouverte que le 20 *septembre* 1840, ces chiffres ne se rapportent qu'aux *onze* derniers jours du mois.
(2) Les voitures de *troisième* classe n'ont été établies qu'à partir du 1er avril 1841.

Jusqu'en avril dernier il n'avait été employé que *deux* classes de voitures ; si on considère le mouvement des voyageurs par rapport aux places qu'ils ont prises, on trouve que le nombre de ceux qui ont voyagé dans les voitures de *première classe* n'a atteint qu'une seule fois (en septembre) le 10e du nombre total ; que presque toujours il est resté au-dessous de cette proportion, et que pendant trois mois (*décembre, janvier et février*) il est descendu au 20e et même au-dessous ; nous croyons que la cause du petit nombre de voyageurs dans les voitures de *première classe* est beaucoup moins dans l'élévation du prix, que dans le peu de différence des *secondes* voitures aux *premières*, au point de vue du confort. L'établissement des wagons découverts, comme voitures de *troisième* classe, qui a eu lieu le 1er avril, ne paraît pas avoir réagi sur les premières voitures, mais il a nécessairement réduit le nombre des voyageurs de *deuxième* classe, de tous ceux qui ont adopté les wagons découverts.

En résumé, sur les 505,394 personnes qui ont parcouru le chemin jusqu'au 31 mai, environ un 14e a pris les *premières* places, un peu plus des 3/4 les *secondes*, et un peu plus du 6e les *troisièmes*, qui n'ont été établies (il ne faut pas le perdre de vue) qu'à partir du 1er avril.

Maintenant, si nous décomposons le nombre des voyageurs de chacun des *neuf* mois écoulés jusqu'au 31 mai dernier, pour en avoir la quantité par jour, nous trouverons :

Pour septembre 1840, chiffre moyen, par jour, 2,316 voyag.
— octobre   —   —   2,374 —
— novembre   —   —   1,711 —
— décembre   —   —   1,541 —
— janvier 1841,   —   1,387 —
— février   —   —   1,543 —
— mars   —   —   1,832 —
— avril   —   —   2,320 —
— mai   —   —   3,051 —

et, en calculant sur les 505,394 voyageurs, nombre total, pour les 8 mois 11 jours écoulés, soit 254 jours, nous aurons, par jour, un chiffre moyen de 1,989 voyageurs.

TRANSPORT DE VOITURES ET CHEVAUX.

Le transport des voitures et des chevaux n'a pris quelque importance que depuis *avril*, il s'est élevé, savoir :

Avril, 37 voitures et 19 chevaux.
Mai, 60   —   et 67 —

dont la station de *Paris* a fourni la majeure partie.

MOUVEMENT DES VOYAGEURS, *par stations*,

Du 20 septembre 1840 jusqu'au 31 mai 1841.

STATIONS.	NOMBRE DE VOYAGEURS PAR VOITURES DE			TOTAUX.
	1re classe.	2e classe.	3e classe (1).	
Paris.	18,824	178,694	37,388	234,906
Choisy-le-Roi	2,422	52,088	13,318	67,828
Ablon.	637	15,019	2,796	18,452
Athis-Mons (2)	57	618	724	1,399
Châtillon.	1,792	23,095	5,223	30,110
Ris.	1,640	12,081	2,984	16,705
Evry (2).	173	375	418	966
Corbeil.	10,235	105,000	19,793	135,028
Totaux.	35,780	386,970	82,644	505,394

Le mouvement par *station*, tel qu'on vient de le voir, montre d'abord que la station de *Paris* a fourni à elle seule près de la *moitié* du nombre total des voyageurs, celle de *Corbeil* plus du *quart* de ce nombre, et *Choisy* un peu plus du *sixième*. Le surplus a été donné par les autres stations dans des proportions diverses; enfin, la station de *Paris* a eu, terme moyen, 925 voyageurs par jour, et *Corbeil* 532.

Sur le nombre de voyageurs partis de Paris on peut en compter 50 à 55 sur 100 qui vont plus loin que *Corbeil*; et sur ceux partant de *Corbeil*, il s'en trouve à peu près la *moitié* qui viennent de plus loin.

D'après le tableau qui précède, les *stations* doivent être classées, sous le rapport de leur importance, comme suit :

Paris, Corbeil, *Choisy, Châtillon, Ablon, Ris, Athis-Mons, Evry* (3).

---

(1) Les voitures de troisième classe n'ont été établies que depuis le 1er avril 1841.

(2) Cette station n'a été créée que depuis le 1er avril 1841.

(3) Pour ces deux dernières stations, qui ne datent que du 1er avril, il est difficile de juger de leur importance; mais on peut croire néanmoins qu'elles resteront classées au rang que les chiffres des deux derniers mois (*avril* et *mai*) leur assignent.

RECETTES MENSUELLES DU CHEMIN DE FER,

DU 20 SEPTEMBRE 1840 AU 31 MAI 1841.

MOIS.	RECETTES de VOYAGEURS.	TRANSPORT de BAGAGES.		TRANSPORT de MARCHANDISES.		TOTAUX des RECETTES.
		Poids (A)	Recettes.	Poids.	Recettes.	
	fr. c	kilog.	fr c	kilog.	fr. c.	fr. c.
Septbre 1840 (1).	33,499 15	5,856	273 20	»	»	33,772 35
Octobre. . . .	93,142 50	49.946	1,960 05	5,183	150 80	95,253 35
Novembre. . .	62,390 60	34,241	1,490 15	115,441	1,418 05	65,298 80
Décembre. . .	55,797 85	29,312	1,293 75	778,068	5,192 »	62,283 60
Janvier 1841. .	48,031 25	27,340	1,127 75	795,223	5,117 35	54,276 35
Février. . . .	49,555 60	27,101	1,165 »	539,707	3.808 80	54,529 40
Mars.	65,775 85	31,221	1,321 70	684,227	4,929 15	72,026 70
Avril.	90,013 10	36,014	1,494 75	725,371	5,423 05	96,930 90
Mai.	120,984 95	40,269	1,718 85	668,601	5,864 45	128,568 25
Totaux. . .	619,190 85	281,300	11,845 20	4,311,821	31,903 65	662,939 70

TABLEAU DES RECETTES PAR STATIONS.

STATIONS.	fr. c.	kilog.	fr. c.	kilog.	fr. c.	fr. c.
Paris. . . .	301,828 85	159,356	6,514 30	855,717	11,296 70	319,639 85
Choisy-le-Roi.	41,942 65	1,740	111 60	3,181	50 75	42,105 »
Ablon. . . .	14,063 80	924	63 95	16,319	108 30	14,236 05
Athis-Mons (2).	1,371 60	»	1 55	373	7 20	1,380 35
Châtillon. . .	30,957 50	4,934	312 85	8,350	135 90	31,406 25
Ris.	19,798 90	2,510	169 45	1,601	41 »	20,009 35
Evry (2). . .	1,666 85	»	»	31	3 45	1,670 30
Corbeil. . .	207,560 70	111,836	4,671 50	3,426,249	20,260 35	232,492 55
Totaux. .	619,190 85	281,300	11,845 20	4,311,821	31,903 65	662,939 70

(A) On ne comprend ici que le poids des bagages excédant les *quinze* kilogrammes accordés *gratis* à chaque voyageur.

(1) L'ouverture du chemin de fer n'ayant eu lieu que le 20 septembre 1840, ces chiffres ne se rapportent qu'à la dernière *dizaine* du mois.

(2) Cette section n'a été établie qu'à dater du 1er *avril*.

Le tableau des recettes que nous venons de donner présente, quant au produit des voyageurs, des chiffres en rapport avec les nombres indiqués dans les tableaux du mouvement (pag. 6 et 8), et il ne peut en ressortir aucun calcul qui ne rentre dans les chiffres proportionnels que nous avons posés ; mais nous avons quelques mots à dire à propos des *bagages* et des *marchandises*.

Le poids total des *bagages* transportés a été de   281,300 kilogr.
Le poids total des *marchandises*. . . . . 4,311,821 —

Il est à remarquer que dans le tableau par mois, la quotité des *bagages*, comparée au nombre des *voyageurs* (page 6), n'augmente, ou ne diminue pas, en proportion de l'augmentation ou de la diminution de ceux-ci ; mais du tableau par *station*, il résulte que *Paris* et *Corbeil* ont fourni à eux seuls les 19/20es des *bagages* transportés, savoir : *Paris*, à peu près 11/20^{cs} et *Corbeil* 8/20^{cs}. Les autres stations sont insignifiantes sous ce rapport.

Quant aux *marchandises*, leur quotité mensuelle avait atteint, dès le mois de *décembre*, un chiffre qui a peu varié jusqu'au 31 mai ; toutefois, en examinant le tableau du transport des marchandises, par *station*, on trouve que sur les 4,311,821 kilogrammes, *Corbeil* a fourni, lui seul, 3,426,249 kilogrammes, c'est-à-dire les 3/4, et *Paris*, 855,717 kilogrammes, soit à peu près le 5e du chiffre total ; les autres *stations* ont donné le surplus et sans importance pour aucune ; le chiffre élevé que présente *Corbeil* se compose en grande partie des farines que cette ville produit et dirige sur Paris, et pour lesquelles cependant la *Seine* offre une concurrence redoutable pour le chemin de fer, et d'autant plus redoutable, que la principale usine de *Corbeil* pouvant embarquer ses farines sans frais, a dû continuer ses transports par eau, de préférence au chemin de fer. Toujours est-il que cette quantité de *marchandises*, bien que fort au-dessous encore du chiffre qu'on pouvait espérer, ainsi qu'on va le voir tout à l'heure, peut, néanmoins, faire augurer favorablement de cette source de produits, lorsque la ligne du chemin de fer terminée, partant d'*Orléans*, et passant à *Etampes*, apportera en quelques heures, à Paris, les marchandises amenées par la *Loire*, les productions des nombreuses manufactures d'Orléans, et les immenses produits des moulins d'*Etampes* indispensables à l'alimentation de la capitale.

Comparaison des résultats de l'exploitation avec les résultats espérés.

Comparons maintenant les résultats obtenus, avec les probabilités qui avaient servi de base à tous les calculs.

Voyageurs.—D'une enquête, scrupuleusement faite, il était résulté, qu'avant le chemin de fer, le mouvement des voyageurs, entre *Paris* et *Corbeil*, était *annuellement* de 539,000, dont :

  Par les voitures   375,000
  Par les bateaux à vapeur 164,000

Ce qui donnait, par chacun des 365 jours composant l'année, un chiffre moyen de 1,476 voyageurs 3/4.

Or, nous avons vu que, jusqu'au 31 mai dernier, le nombre moyen des voyageurs a été de 1,989 par jour ; il a donc dépassé les probabilités, de 513 ; il est permis de croire, l'été et les beaux jours aidant, que ce chiffre augmentera pendant les 111 jours qui séparent le 31 mai dernier du 19 septembre prochain, clôture de la première année d'exploitation ; mais dut-il rester à 1,989, les 505,394 voyageurs acquis jusqu'au 31 mai se trouveraient alors accrus de 220,779, formant, pour l'année, un total de 726,173, c'est-à-dire 187,173 de plus que le nombre probable d'après l'enquête.

Marchandises.— Il avait été reconnu, avant le chemin de fer, que le mouvement des marchandises entre Paris et Corbeil était, par an, de 30,000 tonnes (chaque tonne de 1,000 kilogrammes), dont 27,500 tonnes venant de Corbeil à Paris, et seulement 2,500 tonnes allant de Paris à Corbeil.

L'exploitation jusqu'au 31 mai (8 mois et 11 jours) est loin d'avoir atteint la proportion de ce chiffre ; car 30,000 tonnes par an donnent à peu près, par jour, 82 tonnes 1/4, et d'après ce chiffre, les 254 jours d'exploitation auraient dû fournir 20,891 tonnes, soit 20,891,000 kilogrammes, tandis que le poids transporté ne s'est élevé qu'à 4,311,821 kilogrammes, ou 4,312 tonnes. Ce n'est guère que le *cinquième* du produit espéré ; mais si l'ensemble n'atteint que cette faible proportion du *cinquième*, nous allons trouver d'autres résultats, en distinguant le transport de marchandises de Paris à Corbeil, de celui de Corbeil à Paris ; nous avons dit que sur les 30,000 tonnes, chiffre présumé, Corbeil figurait pour 27,500, et Paris pour 2,500 ; or, Paris compte 855,717 kilogrammes, presque 856 tonnes dans les transports effectués (V. les tabl. page 9), c'est-à-dire, plus du *tiers* de la quotité prévue pour toute l'année, tandis que Corbeil n'a produit que 3,426,249 kilogrammes, soit 3,426 tonnes 1/4, ce qui ne fait qu'à peu près le *huitième* de la quantité qu'on avait pu espérer, ou le *sixième* de ce qu'on aurait dû obtenir jusqu'au 31 mai.

Au surplus, quelque doive être le résultat, avantageux ou non, de la section de Paris à Corbeil (résultat que huit mois d'exploitation ne peuvent faire, encore complétement apprécier) il ne faut pas perdre de vue que l'établissement de cette section a été une des clauses imposées à la Compagnie, et que ce n'est point de là qu'elle doit attendre ses plus favorables produits, mais bien de la ligne principale de Paris à Orléans.

NOMBRE DE KILOMÈTRES PARCOURUS PAR LES LOCOMOTIVES.

Il peut n'être pas sans intérêt de connaître quel trajet ont parcouru les *locomotives*, depuis l'ouverture de la section jusqu'au 31 mai 1841 (8 mois 11 jours).

Leur parcours total a été de 125,301 kilomètres, soit 31,352 lieues 1/4 de poste, c'est-à-dire *trois fois et demi* la circonférence de la terre; et cet immense trajet pendant lequel 500,000 personnes ont été transportées n'a donné lieu à *aucun accident*, tant il est vrai, que les chemins de fer n'offrent pas plus de dangers, et même en présentent moins, que toute autre voie de communication, quand la prudence et des soins attentifs et intelligents président à leur exploitation.

Les vingt-deux locomotives de la Compagnie n'ont pas fonctionné également, mais si nous supposons à toutes une activité pareille, chacune d'elles aurait parcouru 5,695 kilomètres 1/2 (1,426 lieues 3/8).

Le parcours total s'est effectué par 3,554 convois (terme moyen, 14 par jour), et pour chacun des 254 jours d'exploitation, le parcours a été 593 kilomètres 1/3, soit 123 lieues 1/3.

ADMINISTRATION.

Les *bureaux de l'administration* sont établis BOULEVARD DE L'HÔPITAL, n° 16, derrière le Jardin des Plantes.

CONSEIL D'ADMINISTRATION.

(Art. 17 des Statuts.)

MM. F. Bartholony, *président.*   MM. De Fougères.
E. André.   L. Dufour
Denis Benoist.   Foucher père.
Cochin.   Comte Ph. de Ségur.
De Gascq.   A. de Waru.
Comte Daru.   . . . .

COMITÉ DE DIRECTION ET DES TRAVAUX.

(Art. 27 des Statuts.)

MM. Banès, *directeur.*
Marc,   id.   *secrétaire général.*
Jullien, *ingénieur en chef.*
Clarke, *ingénieur du matériel.*
C. Leconte, *directeur honoraire.*

INGÉNIEURS DES TRAVAUX.

MM. Delerne,   Mourlhon,   Thoyot.

BUREAUX.

MM. Hammond, *caissier central.*
Hist, *chef de la comptabilité et du contrôle.*

EXPLOITATION.

(SECTION DE PARIS A CORBEIL.)

MM. G. Delahante, *sous-directeur.*
Forceville, *inspecteur du service.*

STATIONS.

(SECTION DE PARIS A CORBEIL.)

PARIS.	MM. Reiset et Jacquemin, *sous-chefs de la gare.*
	Delerue père, *receveur.*
CHOISY-LE-ROI.	M. de France, *receveur.*
ABLON.	M. Prat, *id.*
ATHIS-MONS.	M. Rivière, *id.*
CHATILLON.	M. Séjourné, *id.*
RIS.	M. L'Evêque, *id.*
EVRY.	M. Chahuet, *id.*
CORBEIL.	MM. Pattenotte, *chef de la gare.*
	Borsat, *sous-chef.*
	Dallemagne, *receveur.*

COMMISSAIRES DE POLICE.

(Art. 5 de l'Extrait du règlement.)]

PARIS,	M. Aublay, *à l'Embarcadère.*
CORBEIL,	M. Ficquenet.

AGENTS DE SURVEILLANCE.

PARIS,	M. Hus, *a l'Embarcadère.*
CORBEIL,	M. Azema, *Id.*

EXTRAIT DU RÈGLEMENT [1]

DU 19 SEPTEMBRE 1840,

RELATIF AU CHEMIN DE FER.

(Section de Paris à Corbeil.)

DISPOSITIONS DE POLICE.

Article 1er. — Il est défendu à toute personne étrangère au service du chemin de fer de *Paris* à *Corbeil* de s'introduire sur cette voie, d'y circuler ou stationner.

Il est défendu d'y jeter ou déposer, même momentanément, aucuns matériaux, ni objets quelconques.

Il est également défendu d'y introduire, faire circuler ou stationner aucune voiture, wagon ou machine étrangère au service.

Sauf le cas de force majeure, aucun stationnement de voitures ou de wagons, soit vides, soit chargés, ne pourra avoir lieu sur les voies du chemin de fer. — Les conducteurs des convois ne pourront s'arrêter ailleurs que dans les stations. (Art. 1er du *Règl.* du 19 sept. 1840.)

2. — Les cantonniers et les gardes-barrières devront faire sortir immédiatement toute personne qui se serait introduite en dedans des voies, soit entre les rails, soit en dehors des rails. En cas de résistance de la part des contrevenants, les cantonniers et gardes devront appeler l'assistance des agents de l'Administration publique. (Art. 31 du *Règl.*)

3. — Toutes les fois qu'il arrivera un accident sur le chemin de fer, il en sera fait immédiatement déclaration à l'autorité locale, à la diligence de tous les agents de la Compagnie témoins de l'accident. Le directeur ou le fondé de pouvoirs de la Compagnie en informera immédiatement le préfet. (Art. 34 du *Règl.*)

4. — Les poursuites en raison d'accidents arrivés par le fait des agents de la Compagnie, dont elle est civilement responsable, seront dirigées contre la personne du directeur ou du fondé de pouvoirs de la Compagnie. (Art. 33 du *Règl.*)

5. — Il sera pourvu à la surveillance que l'Administration doit exercer sur l'exécution du présent règlement et au maintien de l'ordre :

1° Par les soins des ingénieurs des ponts et chaussées et des mines du département ;

2° Par un commissaire spécial de police dont l'autorité s'étendra sur toute la ligne et qui résidera à Paris ;

3° Par le commissaire de police de Corbeil et par le maire de Choisy-

---

[1] On a seulement compris dans cet *Extrait* les articles qui ont paru devoir intéresser le public, et lui montrer avec quelle prudence et quelle sollicitude l'administration a combiné les mesures propres à donner toute sécurité aux voyageurs.

le-Roi qui seront chargés spécialement de la surveillance du débarcadère de chacune de ces deux villes.

Le commissaire spécial et celui de Corbeil auront chacun sous ses ordres un agent de surveillance qui sera nommé par M. le ministre des travaux publics. Ces agents seront assermentés; ils résideront l'un à *Paris*, l'autre à *Corbeil*. (Art. 37 du *Règl.*) (1)

6. — Les commissaires de police et les agents de surveillance veilleront au maintien de l'ordre, ils dresseront des procès-verbaux de toutes les contraventions qui pourraient être commises, soit par les employés de la Compagnie, soit par toute autre personne, ainsi que de tous les accidents qui pourraient survenir. Ils adresseront ces procès-verbaux au préfet de police, qui en transmettra copie au ministre des travaux publics, après avoir fait constater, s'il y a lieu, les circonstances de l'affaire par les ingénieurs des ponts et chaussées ou par les ingénieurs des mines. (Art. 38 du *Règl.*)

DISPOSITIONS
RELATIVES AUX CONVOIS, AUX CONDUCTEURS, CANTONNIERS OU SURVEILLANTS, ETC.

7. — Les convois ne se mettent en marche au départ qu'après *trois* avertissements donnés, les *deux* premiers à la *cloche* et le *troisième* à la *trompette* ou *au sifflet*.

Les cantonniers ou surveillants seront porteurs de *deux* drapeaux, l'un *blanc*, l'autre *rouge*.

Au *premier* avertissement de la cloche, le cantonnier, ou le surveillant le plus rapproché, arborera un de ces drapeaux, le *drapeau blanc*, lorsqu'il aura reconnu que sa voie est en parfait état de service, et le *drapeau rouge* lorsque la voie sera en réparation ou présentera quelque obstacle à une circulation à grande vitesse.

Si la voie est tout-à-fait hors d'état de donner passage au convoi, il inclinera son *drapeau rouge* vers le sol en l'agitant de haut en bas.

La nuit, le *drapeau blanc* sera remplacé par une *lanterne blanche* et le *drapeau rouge* par une *lanterne rouge*.

Chaque cantonnier fera à son tour des signaux analogues dès qu'il aura aperçu le signal du cantonnier qui le précède, ou au moins dès qu'il aura aperçu le convoi. (Art. 8 du *Règl.*)

8. — La voie de *gauche*, en partant de *Paris*, sera spécialement affectée aux convois se dirigeant de *Paris* sur *Corbeil*; la voie de *droite* (qui est celle de *gauche* en partant de Corbeil), sera affectée aux convois, en retour, de *Corbeil* sur *Paris*. Dans aucune circonstance et sous aucun prétexte on ne pourra changer la destination de chacune des deux voies, sauf cependant dans le cas de réparation d'une des voies. (Art. 3 du *Règl.*)

9. — Les départs auront lieu exactement aux heures indiquées (*Voir le Tableau des heures de départ, page* 21). (Art. 4 du *Règl.*)

10. — Pendant la nuit, les convois des voyageurs devront porter, à l'avant et à l'arrière, *deux* fanaux allumés garnis de verre de cou-

---

(1) Voir, pages 13 et 14, les noms de MM. les commissaires de police et des agents de surveillance.

leurs différentes, de manière que l'on puisse toujours reconnaître dans quel sens marche le convoi. Les voitures fermées, destinées au transport des voyageurs, devront être éclairées intérieurement. (Art. 10 du *Règl.*)

11. — Le conducteur, chef du convoi, est muni d'une *trompette* ou d'un *sifflet*, pour donner aux machinistes le signal de s'arrêter ; celui-ci est tenu d'obéir immédiatement au signal. (Art. 19 du *Règl.*)

12. — Les convois ne pourront s'arrêter qu'aux *gares* et lieux de stationnement spécialement autorisés pour le service des voyageurs ou des marchandises. (Art. 5 du *Règl.*)

13. — Les trains de voyageurs ou de marchandises ne pourront s'arrêter dans les points où le chemin de fer traverse à niveau les chemins publics. (Art. 14 du *Règl.*)

14. — Aux points où des chemins traversent de niveau le chemin de fer, il sera établi deux barrières, une de chaque côté, avec un gardien chargé spécialement de les ouvrir et de les fermer (1). Toutefois, dans le cas où deux passages de niveau seraient assez rapprochés pour qu'un même gardien puisse en faire le service, le préfet, après avoir consulté l'ingénieur en chef des ponts et chaussées chargé de la surveillance du chemin, pourra accorder cette facilité à la Compagnie. (Art. 15 du *Règl.*)

15. — Les barrières seront habituellement fermées de manière à intercepter la voie publique. Les gardes chargés du service de ces barrières les ouvriront quand cela sera nécessaire, et ils les refermeront sur-le-champ.
Lorsqu'un train est en vue ou attendu, il leur est défendu d'ouvrir. (Art. 16 du *Règl.*)

16. — A l'approche, soit des ateliers de réparations, soit des chemins traversant à niveau le chemin de fer, soit des stations, le mécanicien devra ralentir la marche de la locomotive ; il devra en même temps faire jouer le sifflet à vapeur pour avertir de l'approche du convoi, toutes les fois que la voie ne lui paraîtra pas complétement libre. (Art. 20 du *Règl.*)

17. — Des gardes sont établis aux aiguilles et tournevoies qui doivent servir à l'entrée dans les *gares et stations*. Ces gardes seront chargés des manœuvres à faire pour diriger convenablement les convois sur la voie qu'ils doivent suivre. (Art. 24 du *Règl.*)

18 — En cas d'accident, durant le trajet, le conducteur, chef du convoi, fera faire immédiatement, par le cantonnier le plus rapproché, un signal qui sera répété de proche en proche pour appeler le secours de la station la plus voisine ; ce signal se fera par le surveillant en agitant les deux drapeaux dont il est porteur, l'un d'une main, l'autre de l'autre. Pendant la nuit, les deux drapeaux seront remplacés par les deux lanternes, *blanche* et *rouge*, mentionnées aux articles précédents. (Art. 26 du *Règl.*)

(1) Ces chemins sont au nombre de *neuf* dans la partie du rail-way sur le département de la Seine, et de *seize* dans le département de Seine-et-Oise.

19. — En cas de doute sur la transmission des signaux, le cantonnier courra avertir celui qui le suit immédiatement, et ainsi de suite, de poste en poste, jusqu'à la station la plus prochaine. (Art. 27 du *Règl.*)

20. — Tout agent employé sur le chemin de fer sera vêtu d'un uniforme ; les cantonniers et gardes-barrières pourront en outre être munis d'un sabre, pour pourvoir au besoin à leur sûreté, surtout pendant la nuit. (Art. 36 du *Règl.*)

DISPOSITIONS
CONCERNANT LES VOYAGEURS ET LEURS BAGAGES.

21. — Les voyageurs ne seront admis sur les *quais* d'embarquement et de débarquement qu'au moment du départ. (Voyez ci-dessus, art. 9.) — On ne pourra admettre les personnes qui se présenteraient en état d'ivresse ou qui voudraient conserver avec elles des paquets encombrants. (Art. 7 du *Règl.*)

22. — Il n'est permis aux voyageurs d'entrer dans les voitures et d'en sortir que par la portière qui fait face au côté extérieur de la ligne du chemin de fer. (Art. 9 du *Règl.*)

23. — Il est défendu aux voyageurs de se tenir debout sur les bancs des voitures. Il leur est également défendu de passer d'une voiture dans une autre.
Il est également interdit de fumer dans les voitures, et les chiens n'y seront point admis. (Art. 30 du *Règl.*)

24. — Il sera tenu dans chacune des stations du chemin de fer un registre coté et paraphé à Paris par le préfet de police, et ailleurs par le maire des lieux, lequel sera destiné à recevoir les réclamations des voyageurs qui auraient des plaintes à former contre les gardes, les cantonniers, les gardes-barrières, les mécaniciens ou autres agents et ouvriers employés sur la ligne. Ce registre sera présenté à toute réquisition des voyageurs. (Art. 32 du *Règl.*)

25. — Il ne sera rien dû pour les bagages des voyageurs, dont le poids n'excéderait pas *quinze* kilog. L'excédant seul de ce poids sera soumis à la taxe. (Art. 36 du *Cahier des charges* et 3 du *Règl.* — Voir, pour la taxe, le Tableau, page 25.)

26. — Il est dû un droit de *dix* centimes pour l'enregistrement des bagages et objets de messageries. Cet enregistrement est facultatif pour les bagages pesant *quinze* kilogr. au plus.
La Compagnie est autorisée à percevoir un droit fixe de *vingt* cent. pour le magasinage des articles de messageries adressés *Bureau restant*. (Art. 4 du *Règl.*)

DISPOSITIONS
RELATIVES AU TRANSPORT DES MARCHANDISES.

27. — Les prix de transport pour les marchandises seront perçus conformément au tableau ci-après (Voir page 26).

La perception aura lieu par kilomètre, sans égard aux fractions de distance. Un kilomètre entamé sera payé comme s'il avait été parcouru ; néanmoins, pour toute distance moindre de *six* kilomètres, le droit sera perçu comme pour *six* kilomètres entiers. Le poids du tonneau ou de la tonne est de 1,000 kilog. — Les fractions de poids ne seront comptées que par cinquième de tonne ; ainsi tout poids compris entre 0 et 200 kilog. paiera comme 200 kilog., entre 200 et 400, comme 400 kilog. (Art. 35 du *cahier des charges*.)

28. — Les droits de péage et les prix de transport déterminés au tarif (page 26), ne sont point applicables :

1° À toute voiture pesant, avec son chargement, plus de 4,500 kilog. ;

2° À toute masse indivisible pesant plus de 3,000 kilog.

Néanmoins la Compagnie ne pourra se refuser, ni à transporter les masses indivisibles pesant de 3,000 à 5,000 kilog., ni à laisser circuler toute voiture qui, avec son chargement, pèserait de 4,500 à 8,000 kilog. ; mais les droits de péage et les frais de transport seront augmentés de moitié.

La compagnie ne pourra être contrainte à transporter les masses indivisibles pesant plus de 5,000 kilog., ni à laisser circuler les voitures qui, chargement compris, pèseraient plus de 8,000 kilog.

Si, nonobstant la disposition qui précède, la Compagnie consent à transporter les masses indivisibles pesant plus de 5,000 kilog., et à laisser circuler des voitures qui, chargement compris, pèseraient plus de 8,000 kilog., elle devra, pendant trois mois au moins, accorder les mêmes facilités à tous ceux qui en feraient la demande. (Art. 38 du *cahier des charges*.)

29. — Les prix de transport déterminés au tarif (page 26), ne sont point applicables :

1° Aux denrées et objets qui, sous le volume d'un mètre cube, ne pèsent pas 200 kilog. ;

2° À l'or et à l'argent, soit en lingots, soit monnayés ou travaillés ; au plaqué d'or ou d'argent, au mercure et au platine, ainsi qu'aux bijoux, pierres précieuses et autres valeurs ;

3° Et, en général, à tout paquet ou colis pesant isolément moins de 100 kilog., à moins que ces paquets ou colis ne fassent partie d'envois pesant ensemble au-delà de 200 kilog. d'objets expédiés, à ou par une même personne, et d'une même nature, quoique emballés à part, tels que sucres, cafés, etc.

Dans les trois cas ci-dessus spécifiés, les tarifs seront arrêtés par l'administration, sur la proposition de la Compagnie.

Néanmoins, au-dessus de 100 kilog., et quelle que soit la distance parcourue, le prix de transport d'un colis ne pourra être taxé à moins de 40 c. (Art. 39 du *cahier des charges*.)

30. — Les denrées, marchandises, effets, animaux et autres objets non désignés dans le tarif (page 26), seront rangés, pour les droits à percevoir, dans les catégories avec lesquelles ils auraient le plus d'analogie. (Art. 37 du *cahier des charges*.)

VOITURES

CONDUISANT DE L'INTÉRIEUR DE PARIS A L'EMBARCADÈRE, OU TOUT AUPRÈS.

1º Les GAZELLES, bureau rue des Pyramides;

2º Les OMNIBUS, qui suivent, depuis *Passy* et la place du Carrousel, les quais de la rive droite;

3º Les FAVORITES et les HIRONDELLES, qui vont aux Gobelins, *les premières*, partant de la barrière des Martyrs, *les secondes*, de la barrière Rochechouart; elles passent derrière le Jardin des Plantes que les voyageurs n'ont qu'à traverser pour arriver à l'embarcadère.

4º Les BÉARNAISES, par correspondance avec les *Gazelles*.

VOITURES SPÉCIALES

CONDUISANT AU CHEMIN DE FER, POUR TOUS LES DÉPARTS.

1º *De la place Saint-Sulpice*, nº 6;

2º *De la rue Montmartre*, (entrée de la cour des Messageries royales).

3º *De la rue de la Jussienne*, nº 13 (hôtel de Lyon).

On enregistre dans ce dernier bureau les voyageurs pour *Melun, Nangis, Provins, Morman, Fontainebleau, Nemours, Montargis, Montereau, Sens, Joigny*, et les places sont garanties jusqu'à destination. (Voir ci-après, page 23, les heures de départ, de *Paris*, des convois correspondant avec les diverses voitures.)

Nota. Les voyageurs doivent se rendre à ces divers bureaux *trois quarts d'heure* avant l'heure de départ du convoi par lequel ils veulent partir.

Dépôts et Renseignements.

Les bureaux de dépôt pour les bagages, articles de messageries, finances, etc., sont établis :

Rue de la Jussienne, nº 13;
Rue Montmartre, hôtel des Messageries royales;
Place Saint-Sulpice, nº 6.

On prend également les paquets et bagages à toutes les stations du chemin de fer.

TABLEAU
DES HEURES DE DÉPART DE PARIS ET DE CORBEIL,
DEPUIS LE 1ᵉʳ AVRIL 1841.

L'embarcadère est situé, à Paris, *rue de la Gare,* boulevard de l'Hôpital, à côté du Jardin des Plantes.

Les voyageurs doivent se trouver à l'embarcadère *quinze* minutes avant l'heure du départ. — Le bureau est fermé *cinq* minutes avant chaque départ.

Les départs, des stations intermédiaires, ont lieu au passage des convois.	HEURES DE DÉPARTS DEPUIS LE 1ᵉʳ AVRIL.			
	Tous les jours de la semaine.		Départs supplément. Dimanches et fêtes.	
Nᵒˢ d'ordre.	Le Matin.	Le Soir.	Le Matin.	Le Soir.
1 PARIS à ABLON....... (Villeneuve-Saint-Georges, Vallée d'Yères).	7 h. » 11 h. » » » »	1 h. » 5 h. » 7 h. » 9 h. » »	8 h. » » » » »	4 h. » » » » »
2 PARIS à ATHIS-MONS... (Vigneux).	9 h. »	3 h. »	12 h. »	»
3 PARIS à CHATILLON (1) (Draveil, Juvisy, Savigny, Vallée de l'*Orge*).	7 h. » 9 h. » 11 h. » » »	1 h. » 3 h. » 5 h. » 7 h. » 9 h. »	8 h. » 10 h. » 12 h. » » »	2 h. » 4 h. » 6 h. » 8 h. » »
4 PARIS à CHOISY....... (Thiais, Vitry).	7 h. » 9 h. » 11 h. » » »	1 h. » 3 h. » 5 h. » 7 h. » 9 h. »	8 h. » 10 h. » 12 h. » » »	2 h. » 4 h. » 6 h. » 8 h. » »
5 PARIS à CORBEIL (2).. (Seine-Port, Essonne, Vallée de l'*Essonne*).	7 h. » 9 h. » 11 h. » » »	1 h. » 3 h. » 5 h. » 7 h. » 9 h. »	8 h. » 10 h. » 12 h. » » »	2 h. » 4 h. » 6 h. » 8 h. » »
6 PARIS à EVRY......... (Etioles, Soisy-sous-Etioles).	9 h. »	3 h. »	12 h. »	»
7 PARIS à RIS.......... (Champrosay, Forêt de Senart).	7 h. » 11 h. » » » »	1 h. » 5 h. » 7 h. » 9 h. » »	8 h. » » » » »	4 h. » » » » »

(1) Les voyageurs trouveront à la station de *Châtillon* des voitures *à volonté* pour *Viry, Grigny, Savigny* et la vallée de *l'Orge*.

(2) Voir, page 23, après le tableau des départs, la destination des voitures que les voyageurs trouvent en arrivant à *Corbeil*.

Les départs, des stations intermédiaires, ont lieu au passage des convois. Nos d'ordre.	HEURES DE DÉPARTS DEPUIS LE 1er AVRIL.			
	Tous les jours de la semaine.		Départs supplément. Dimanches et fêtes.	
	Le matin.	Le Soir.	Le Matin.	Le Soir.
8 CORBEIL à ABLON..... (Villeneuve-Saint-Georges, Vallée d'Yères).	6h. 30m. 10h. 30m. » »	12h. 30m. 2h. 30m. 4h. 30m. 8h. 30m.	7h. 30m. » » »	7h. 30m. » » »
9 CORBEIL à ATHIS-MONS. (Vigneux).	8h. 30m.	6h. 30m.	»	1h. 30m.
10 CORBEIL à CHATILLON (Draveil, Juvisy, Savigny, Vallée de l'Orge).	6h. 30m. 8h. 30m. 10h. 30m. » »	12h. 30m. 2h. 30m. 4h. 30m. 6h. 30m. 8h. 30m.	7h. 30m. 9h. 30m. 11h. 30m. » »	1h. 30m. 3h. 30m. 5h. 30m. 7h. 30m. »
11 CORBEIL à CHOISY... (Thiais, Vitry).	6h. 30m. 8h. 30m. 10h. 30m. » »	12h. 30m. 2h. 30m. 4h. 30m. 6h. 30m. 8h. 30m.	7h. 30m. 9h. 30m. 11h. 30m. » »	1h. 30m. 3h. 30m. 5h. 30m. 7h. 30m. »
12 CORBEIL à EVRY..... (Etioles, Soisy sous-Etioles).	8h. 30m.	6h. 30m.	»	1h. 30m.
13 CORBEIL à PARIS....	6h. 30m. 8h. 30m. 10h. 30m. » »	12h. 30m. 2h. 30m. 4h. 30m. 6h. 30m. 8h. 30m.	7h. 30m. 9h. 30m. 11h. 30m. » »	1h. 30m. 3h. 30m. 5h. 30m. 7h. 30m. »
14 CORBEIL à RIS....... (Champrosay, Forêt de Sénart).	6h. 30m. 10h. 30m. » »	12h. 30m. 2h. 30m. 4h. 30m. 8h. 30m.	7h. 30m. » » »	7h. 30m. » » »

NOTA. Les dimanches et fêtes, un convoi spécial part de *Choisy* pour *Paris*, à 9 heures 3/4 et prend des voyageurs à *Vitry* (au passage à niveau de la route départementale).

TRANSPORT DES MARCHANDISES, CHEVAUX ET VOITURES DE POSTE.

La Compagnie se charge de la petite et de la grosse messagerie et des marchandises de tout poids; elle les fait prendre chez les expéditeurs et les fait remettre à domicile, dans *Paris*, à *Corbeil*, et à toutes les destinations avec lesquelles le chemin de fer est en correspondance.

Les envois pour les stations intermédiaires s'effectuent *Bureau restant*.

La Compagnie se charge aussi de faire prendre par ses chevaux les voitures partant de *Paris*, et de commander des chevaux à *Corbeil*. — Elle fait conduire à domicile les voitures arrivant à *Paris*.

(Écrire aux chefs de gare de *Paris* et de *Corbeil*.)

VOITURES

Que les voyageurs sont assurés de trouver prêtes à partir pour les destinations suivantes, *à l'arrivée à* Corbeil *de chacun des convois partis de* Paris *aux heures ci-après* :

Nota. dans les bureaux de l'embarcadère de Paris, la Compagnie a des employés qui enregistrent les voyageurs pour les destinations indiquées ci-après.

Pour ÉTAMPES, à l'arrivée du convoi parti de Paris à 3 h. du soir.

— FONTAINEBLEAU, à l'arrivée de tous les convois.

— LAFERTÉ-ALEPS, à l'arrivée des convois partis à 3 heures et 5 heures du soir.

— MALESHERBES, à l'arrivée du convoi parti à 1 heure du soir.

— MELUN, à l'arrivée de tous les convois.

— MILLY, à l'arrivée des convois partis de Paris à 1 heure et à 5 heures du soir.

— MONTARGIS, par Fontainebleau, à l'arrivée du convoi parti à 9 heures du matin.

— NEMOURS, à l'arrivée des convois partis à 9 et 11 heures du matin et 5 heures du soir.

— VER-LE-GRAND, à l'arrivée du convoi parti à 5 heures du soir.

24

TABLEAU DU PRIX DES PLACES, DE LA DISTANCE A PARCOURIR et *de la Durée approximative du parcours*, de chacune des Stations à toutes les Stations.

NOTA. Les billets doivent être conservés pour être remis à la station d'arrivée, à peine de payer de nouveau le prix des places.

		PRIX DES PLACES.			Longueur de chaque route en lieues de poste de 4 kilom. (soit 4,000 m).	Durée approximative du parcours. (environ 7 min. par lieue.)
NOTA ESSENTIEL. Tous les points *d'arrivée* ne sont pas répétés dans ce tableau, en regard de *chaque lieu de départ;* mais si l'on ne trouve pas, comme point d'arrivée, le lieu que l'on cherche, on le trouvera comme *point de départ.* Ainsi, par exemple, s'il n'y a pas *d'Ablon à Choisy,* il y a de *Choisy à Ablon.*		1res	2mes	3mes Wagons découv.		
		fr. c.	fr. c.	fr. c.	Lieues.	h. m.
De PARIS à	Choisy-le-Roi.	1 »	» 75	» 50	2 1/2	» 17
	Ablon.	1 35	1 »	» 80	3 3/4	» 25
	Athis-Mons.	1 75	1 30	» 90	4 1/4	» 30
	Châtillon.	1 75	1 40	1 10	5 1/4	» 37
	Ris.	2 »	1 60	1 25	6 »	» 42
	Evry.	2 50	2 »	1 45	7 »	» 49
	CORBEIL.	2 50	2 »	1 50	7 3/4	» 56
De CHOISY-LE-ROI à	Ablon.	» 60	» 45	» 30	1 1/4	» 9
	Athis-Mons.	» 75	» 55	» 35	1 3/4	» 12
	Châtillon.	1 10	» 80	» 60	2 3/4	» 19
	Ris.	1 50	1 »	» 75	3 1/2	» 24
	Evry.	1 75	1 25	» 95	4 1/2	» 30
	CORBEIL.	2 »	1 50	1 10	5 1/4	» 37
D'Ablon à	Châtillon.	» 60	» 45	» 30	1 1/2	» 9
	Ris.	1 »	» 75	» 50	2 1/4	» 17
	CORBEIL.	1 50	1 10	» 80	4 »	» 28
D'Athis-Mons à	Châtillon.	» 60	» 45	» 30	1 »	» 7
	Evry.	1 25	» 90	» 60	2 3/4	» 19
	CORBEIL.	1 50	1 15	» 80	3 1/2	» 24
De Châtillon à	Ris.	» 60	» 45	» 30	» 3/4	» 5
	Evry.	» 70	» 55	» 35	1 3/4	» 12
	CORBEIL.	1 »	» 75	» 50	2 1/2	» 17
De Ris à	CORBEIL.	» 70	» 55	» 35	1 3/4	» 12
D'Evry à	CORBEIL.	» 60	» 45	» 30	3/4	» 5

NOTA. Pour le transport d'un chien, il sera payé, quelle que soit la distance, un droit fixe de 50 c. (Art. 5 du *Règlement* du 19 septembre 1840.)

TARIF DES PRIX DU TRANSPORT

1° DES BAGAGES, — 2° DES ARTICLES DE MESSAGERIES,

fixés par l'arrêté du préfet de police, du 16 mars 1841.

TRANSPORT DE BAGAGES.	PRIX			
	De 1 à 20 kilogr.	De 21 à 50 kilogr.	De 51 à 100 kilogr.	De 101 à 200 kilogr.
Nota. Il n'est rien dû pour les bagages des voyageurs dont le poids n'excéderait pas 15 *kilogr.*; l'excédant seul de ce poids sera soumis aux taxes ci-contre.	fr. c.	fr. c.	fr. c.	fr. c.
De Paris à Choisy-le-Roi.	» 30	» 30	» 50	» 80
Ablon.	» 30	» 30	» 50	» 80
Châtillon.	» 50	» 75	1 25	1 65
Ris.	» 50	» 75	1 25	1 65
Evry.	» 50	» 75	1 25	1 65
Corbeil. et réciproquement.	» 50	» 75	1 50	2 45
De Corbeil à Choisy-le-Roi. et réciproquement.	» 50	» 75	1 25	1 65
De Corbeil à Evry. Ris. Chatillon. Ablon. et réciproquement, ainsi que d'une station *intermédiaire*, à une autre station *intermédiaire*.	» 30	» 30	» 50	» 50

ARTICLES DE MESSAGERIES.

Les prix à percevoir pour les articles de messageries sont réglés ainsi qu'il suit (*quelle que soit la distance*) :

De 1 à 25 kilogr...... 25 cent.
De 26 à 50 kilogr..... 50
De 51 à 100 kilog., à raison d'*un* centime par kilogr.

Pour toutes les expéditions d'articles de messageries excédant 100 kilogr., ainsi que pour le transport des *voitures* et des *chevaux*, la Compagnie est autorisée à appliquer le tarif compris au cahier des charges annexé à la loi du 15 juillet 1840 (Voir le tableau, p. 26).

4

TARIF POUR LE TRANSPORT
1° Des Marchandises, — 2° Des Chevaux et Bestiaux.

		MARCHANDISES (PAR TONNE (1,000 KILOG.).)				BESTIAUX PAR TÊTE.		
Nota Ce tarif ne s'applique pas aux convois à grande vitesse, tels que ceux qui conduisent des voyageurs. (*Art. 35 du cahier des charges, § 6.*)		1re Classe. (A)	2e Classe. (B)	3e Classe. (C)	Objets divers. (D)	Bœufs, Vaches, Taureaux, Chevaux, Mulets, Bêtes de trait.	Veaux et Porcs.	Moutons, Brebis, Chèvres.
		fr. c.	fr. c.	fr. c.	fr. c.	fr. c.	fr. c.	fr. c.
De Paris à	Choisy.	2 »	1 80	1 60	2 50	2 50	» 50	» 30
	Ablon.	3 »	2 70	2 40	3 75	3 25	» 75	» 45
	Châtillon.	4 20	3 78	3 36	5 25	3 15	1 05	» 63
	Ris.	4 80	4 32	3 04	6 »	3 60	1 20	» 72
	Evry.	5 60	5 04	4 48	7 »	4 20	1 40	» 84
	Corbeil.	6 20	5 58	4 96	7 75	4 65	1 55	» 93
De Choisy-le-Roi à	Ablon.	1 20	1 08	» 96	1 50	» 90	» 30	» 18
	Châtillon.	2 20	1 98	1 76	2 75	1 65	» 55	» 33
	Ris.	2 80	2 52	2 24	3 50	2 10	» 70	» 42
	Evry.	3 60	3 24	2 88	4 50	2 70	» 90	» 54
	Corbeil.	4 20	3 78	3 36	5 25	3 15	1 05	« 63
D'Ablon à	Châtillon.	1 20	1 08	» 96	1 50	» 90	» 30	» 18
	Ris.	2 »	1 80	1 60	2 50	1 50	» 50	» 30
	Evry.	2 80	2 52	2 24	3 50	2 10	» 70	» 42
	Corbeil.	3 20	2 88	2 56	4 »	2 40	» 80	» 48
De Châtillon à	Ris.	1 20	1 08	» 96	1 50	» 90	» 30	» 18
	Evry.	1 40	1 26	1 12	1 75	1 05	» 35	» 21
	Corbeil.	2 »	1 80	1 60	2 50	1 50	» 50	» 30
De Ris à	Evry.	1 20	1 08	» 96	1 50	» 90	» 30	» 18
	Corbeil.	1 40	1 26	1 12	1 75	1 05	» 35	» 21
D'Evry à Corbeil.		1 20	1 8	« 96	1 50	» 90	» 30	» 18

(A) La *première Classe de marchandises* comprend : fontes moulées, fer et plomb ouvré, cuivre et autres métaux ouvrés ou non; vinaigres, vins, boissons, spiritueux, huiles; cotons et autres lainages; bois de menuiserie, de teinture et autres bois exotiques; sucre, café, drogues, épiceries, denrées coloniales, objets manufacturés.

(B) *Deuxième Classe.* — Blés, grains, farines; chaux et plâtre; minerai, coke, charbon de bois, bois à brûler (dit de *corde*); pioches, chevrons, planches, madriers, bois de charpente; marbre en bloc, pierre de taille, bitume, fonte brute en barres ou en feuilles, plomb en saumon.

(C) *Troisième Classe.* — Pierres à chaux et à plâtre, moellons, meulières, cailloux, sable, argile, tuiles, briques, ardoises, fumier et engrais, pavés et matériaux de toute espèce pour la construction et la réparation des routes.

(D) *Objets divers.* — Voitures sur plate-forme (poids de la voiture et de la plate-forme cumulés).

DE PARIS A CORBEIL (1),

Par *Choisy, Ablon, Athis-Mons, Châtillon, Ris* et *Evry.*

HEURES DE DÉPART. (Voir le n° 5 du tableau, pag. 21.)

Les départs ont lieu, de chaque station intermédiaire, au passage des convois (2).

Longueur de la route, 31 kilom. (7 lieues 3/4 de poste).

Durée approximative du trajet, 50 à 55 minutes.

PRIX DES PLACES.
- Premières. 2 fr. 50 c. (4)
- Deuxièmes. 2 »
- Troisièmes. 1 50

PRIX DU TANSPORT des bagages.
- De 1 à 20 kilog. » fr. 50 c. (3)
- De 21 à 50 — » 75
- De 51 à 100 — 1 50
- De 101 à 200 — 2 45

L'embarcadère de Paris occupe à côté du Jardin des Plantes, et au-delà du boulevard de l'Hôpital, l'espace compris entre l'hôpital de la *Salpétrière* et la prison de la garde nationale. Une large rue, qui a reçu le nom de rue de *la Gare*, rend faciles les abords de l'embarcadère.

Les voyageurs doivent s'y trouver *quinze* minutes au moins avant l'heure fixée pour le départ.

Quand la cloche se fait entendre, les portes des salles d'attente, donnant sur les *quais d'embarquement*, s'ouvrent, et les voyageurs prennent place dans les voitures, suivant qu'ils ont leurs billets pour les *premières* (4), les *deuxièmes* ou les *troisièmes* places. (Les voyageurs doivent conserver leurs billets, pour les rendre à la station d'arrivée, à peine de payer une seconde fois.)

Au coup de sifflet le convoi se met en marche.

Presque en sortant de l'embarcadère on passe sous un large pont construit en fonte et en pierre, sous le boulevard extérieur.

(1) Cette section de *Paris à Corbeil* a été ouverte le 20 septembre 1840.
(2) Voyez, page 24, le *Tableau des prix de station à station*, et pages 15 et suivantes, l'*Extrait du Règlement*.
(3) Les voyageurs ont droit au transport *gratuit* de *quinze* kilogr. de bagages; la taxe ne se perçoit que sur l'excédant. (*Voir pag.* 18, les art. 25 et 26 du règl.)
(4) Les voyageurs de *première classe* ont le droit d'attendre le départ sur le trottoir intérieur de l'embarcadère.

A gauche (A), est le village de la *Gare* (1), sur la rive gauche de la *Seine* (2). Au-delà, sur la rive droite du fleuve, se trouve :

BERCY, commune du département de la Seine, arrondissement de Sceaux ; un pont suspendu a été construit vis-à-vis *Bercy*. Population, 3,900 habitants. — Brûlé en partie en 1820, c'est aujourd'hui un immense entrepôt de vins et d'eaux-de-vie. Fabriques de toiles peintes, de vitriol, d'huile, de vinaigre. *Bercy* n'était autrefois qu'une réunion de quelques maisons, au milieu desquelles se faisait remarquer le magnifique château que l'on aperçoit, ainsi que son parc et ses jardins.

On a bientôt dépassé les dernières maisons des quartiers de la *Gare* et d'*Austerlitz* ; voici la plaine d'*Ivry*, que borne à notre gauche la Seine, et à droite quelques hauteurs sur lesquelles est bâti le village d'IVRY, nom qui rappelle la glorieuse bataille livrée par Henri IV, en 1589, près d'un autre village de ce nom en Normandie. *Ivry* dépend de l'arrondissement de Sceaux, département de la Seine (3) ; population, 2,900 habitants (Bureau de poste à *la Maison blanche*).

(A) Le point de départ étant à *Paris*, il est bon de se rappeler que les convois marchent dans un sens *contraire* au cours de la *Seine*; que par conséquent la *rive gauche* est celle qui se trouve la plus rapprochée du chemin de fer, tandis que tout ce qui est *au-delà* du fleuve forme sa *rive droite*.

(1) Ce quartier de Paris a pris le nom de *Gare* depuis qu'en 1776 on avait eu le projet d'y construire un vaste port pour les bateaux qui descendent à Paris, projet qui resta sans exécution.

(2) La *Seine*, un des plus grands fleuves de France, prend sa source dans la Côte-d'Or, près du bourg de Chanceaux, coule d'abord au N., puis à l'O. ensuite au N.-O. jusqu'à son embouchure. Elle traverse Châtillon (Côte-d'Or), Troyes (Aube), Montereau, Melun (Seine-et-Marne), Corbeil (Seine-et-Oise), entre dans le département de la Seine après Villeneuve-Saint-Georges, traverse Paris, sort du département à Nanterre, passe au pied de Saint-Germain-en-Laye, arrose ensuite Poissy, Meulan et Mantes (Seine-et-Oise), baigne Vernon, puis Pont-de-l'Arche (Eure), Elbeuf (Seine-Inférieure), traverse Rouen où elle est navigable pour les vaisseaux, passe devant Caudebec (Seine-Inférieure), Quillebeuf (Calvados), et débouche dans la Manche, entre Honfleur (Calvados) et le Havre (Seine-Inférieure), par une embouchure de 3 lieues de large, après un cours de 206 lieues, pendant lequel elle a reçu, par sa rive gauche, l'Yonne, les canaux d'Orléans et du Loing, l'Essonne, l'Orge, la Bièvre, l'Eure et la Rille, et par sa rive droite, l'Ourcq, l'Aube, l'Yère, la Marne, l'Oise, etc. La *Seine* est flottable depuis Billy-les-Chanceaux, et navigable dès Marcilly où elle reçoit l'Aube ; la longueur de la partie seulement flottable est de 159,059 mètres, et celle de la partie navigable, de 554,568 mètres.

(3) Le département de la *Seine* est enclavé dans celui de Seine-et-Oise qui l'entoure de toutes parts. Formé de l'ancienne *Ile-de-France*, proprement dite, il est le moins étendu de tous les départements de France, car il n'a que 6 lieues de long, 5 de large et 26 de circonférence ; mais il est le plus peuplé, à cause de *Paris*, et surtout le plus important, comme renfermant la capitale du royaume et le siége du gouvernement. Il doit son nom au

L'origine d'*Ivry* remonte au dixième siècle. Longtemps possédée par des seigneurs obscurs, la terre d'*Ivry* devint, dans le dix-huitième siècle, la propriété d'un prevôt des marchands qui y fit construire un magnifique château, dont la terrasse domine la plaine. C'est à Ivry que se trouvent les célèbres caves naturelles, taillées dans le roc, et à double courant d'air, pour la conservation des vins et eaux-de-vie, et les *silos*, construits en pierres de taille, à température basse et à air libre, pour la conservation des grains.

Si l'on jette les yeux au loin, à gauche, on peut apercevoir *Charenton*, situé sur la *Marne*(1), presque à son confluent avec la *Seine*.

CHARENTON-LE-PONT, ainsi nommé du pont qui y est jeté sur la *Marne*, commune de l'arrondissement de Sceaux, population 2000 habitants (Bureau de poste et relai), est célèbre surtout par l'hôpital que Sébastien Leblanc y fonda en 1741 pour y recevoir les aliénés, et par l'Ecole royale vétérinaire dite d'Alfort, dont les bâtiments sont établis sur les bords de la Marne. Il existe à Charenton une maison de briques qui, d'après la tradition, fut une de celles que Gabrielle d'Estrées, la brillante maîtresse de Henri IV, possédait autour de Paris ; cette maison se nomme encore *Séjour du Roi*. *Charenton* est traversé par la route royale de Paris à Lyon par Châlons.

Au *confluent* de la Marne se fait remarquer le château de *Conflans*, qui a évidemment pris son nom de sa position. Une tour carrée le signale au loin. On sait que ce château fut construit par le maréchal de Villeroi, sur l'emplacement du manoir des princes bourguignons. Depuis près de deux siècles il est

---

fleuve qui le parcourt du S.-E. au N.-O. Quatre canaux le traversent : ce sont ceux de l'Ourcq, de Saint-Maur, de Saint-Martin et de Saint-Denis. Il est divisé en trois arrondissements, *Paris, Saint-Denis, Sceaux*, 20 cantons de justice de paix, et comprend 79 communes. Il forme un diocèse métropolitain qui a pour suffragants les évêchés de Amiens, Arras, Cambrai, Blois, Orléans, Evreux, Chartres, Versailles et Meaux. Le département de la Seine fait partie de la première division militaire. Sa superficie est d'environ 47,000 hectares, sa population, de 1,106,891 habitants, dont 1,000,000 pour Paris. Son territoire contient 4,052 hectares de forêts et 5,017 hectares de vignes produisant de très mauvais vin.

(1) La *Marne*, *Matrona*, rivière qui a sa source dans la Haute-Marne, près de Langres, traverse du S.-E. au N.-O. le département de la Marne, arrose celui de l'Aisne, entre dans Seine-et-Marne près de la Ferté-sous-Jouarre, baigne Meaux et Lagny, et après un court trajet dans Seine-et-Oise, arrive au département de la Seine, près de Noisy-le-Grand, et se jette dans ce fleuve aux carrières de Charenton, après un cours de 80 lieues, dont 22,675 mètres dans le département. La Marne est navigable depuis Saint-Dizier (Haute-Marne).

4.

la propriété des archevêques de Paris, qui vont y chercher, dans la belle saison, quelques instants de repos, et puiser dans la solitude de nouvelles forces pour leurs pieux travaux.

Voici, à droite, VITRY, traversé par une route qui mène à Choisy-le-Roi. Vitry est connu par ses riches pépinières plantées d'arbres fruitiers et d'arbres d'agrément. La population de cette commune, qui dépend aussi de l'arrondissement de Sceaux, est de 2,100 habitants. Un beau château s'y fait remarquer, entouré d'une foule de gracieuses habitations. — Vitry a donné naissance à deux cardinaux, Jacques de Vitry et Etienne de Paris (1).

A notre gauche, mais sur la rive droite de la Seine, se trouve le *Port-à-l'Anglais*, dont le nom indique une triste origine. Ce fut sous Charles VI que les Anglais, possesseurs de la capitale par la trahison des Bourguignons, établirent en cet endroit un camp pour protéger Paris et intercepter les communications que le dauphin aurait pu entretenir par la Seine avec les habitants de la capitale.

Le fleuve s'est maintenant rapproché de la voie de fer et n'en est plus séparé que par la largeur du chemin de hallage, au moment où nous arrivons à *Choisy-le-Roi*, première station. (Parcouru, depuis Paris, 9 kilom.)

CHOISY-LE-ROI, arrondissement de Sceaux, département de la Seine, à droite du *rail-way*, et rive gauche de la Seine, sur laquelle un beau pont a été construit en 1810. Le chemin qui conduit à ce pont traverse le *rail-way* à niveau.—Popul., 3,000 habitants.—Bureau de poste.—L'origine de Choisy-le-Roi ne remonte qu'au treizième siècle. Jean, abbé de Saint-Germain-des-Prés et seigneur de Thiais, en fut le fondateur. Bientôt sa belle position au bord de la Seine y attira un grand nombre d'étrangers. Mademoiselle de Montpensier, fille de Gaston d'Orléans, y avait fait bâtir une délicieuse maison de plaisance qui prit le nom de *Choisy-Mademoiselle;* elle passa, après sa mort, au dauphin fils de Louis XIV, fut ensuite échangée contre *Meudon*, qui appartenait à madame de Louvois, et devint enfin la propriété de Louis XV. Il ne reste maintenant que quelques murs en ruines de cette charmante habitation où ce prince allait souvent avec madame de Pompadour. Le gracieux auteur de *l'Art d'aimer*, gentil Bernard, était bibliothécaire du château de Choisy. La charrue a passé sur les bosquets et sur les riants jardins, et des manufactures sont établies sur ce sol et

(1) Entre *Vitry* et *Ivry*, à droite du chemin de fer, il va être construit un des *quatorze* forts détachés qui vont entourer Paris, d'après le système de fortifications adopté. — Ce fort s'appellera *fort d'Ivry*.

dans quelques parties de ces bâtiments longtemps consacrés aux plaisirs.

Le tracé du chemin de fer à *Choisy*, sur le bord du fleuve, a donné lieu, dans l'intérêt du commerce, à une construction intéressante et digne de l'attention des voyageurs. C'est un viaduc formé de huit travées, dont les piles sont en pierres et le tablier en fer, et au moyen duquel on a pu conserver un libre accès sur le port, que le chemin de fer aurait intercepté.

A notre droite, une minute avant d'arriver à *Choisy*, nous avons passé devant une petite *gare* qui peut recevoir plusieurs bateaux; une autre, plus vaste, se trouve sur la rive droite du fleuve; l'entrée en est ouverte entre deux riantes îles qui communiquent par un petit pont suspendu.

Choisy n'a rien aujourd'hui qui puisse y attirer les curieux, si ce n'est sa situation charmante, les ombrages épais qui l'entourent, et les ravissantes habitations qui peuplent ses alentours.

L'église se fait remarquer par une bizarrerie dans sa construction extérieure. La hauteur du clocher n'excède pas celle du comble de l'édifice, et la sonnerie se trouve placée au niveau des fenêtres; l'antipathie de Louis XV pour le son des cloches, qui se trouve ainsi amorti par le faîte du temple, est, dit-on, la cause de cette singularité, qui est peut-être unique en son genre.

Le célèbre auteur de la célèbre *Marseillaise* (paroles et musique), Rouget-de-l'Isle, est mort à Choisy le 27 juin 1836; il y avait passé les dernières années de sa vie.

Choisy est devenu un bourg tout manufacturier; il y a une fabrique de faïence fine, façon anglaise, qui date de plus de 30 ans, une fabrique de sucre indigène, une verrerie en réputation, des manufactures de maroquin et de toiles cirées, et une fabrique de produits chimiques. Une belle route communique de Choisy à Versailles.

La *Saint-Louis*, le 25 août, est la fête de Choisy; elle y attire ordinairement un concours immense.

Restaurateur. Buisson, rue du Pont et avenue de Paris. — *Cabinets de société*.

Le convoi n'a stationné qu'une ou deux minutes; il est reparti, et quelques instants après nous quittons le département de la Seine pour entrer dans celui de *Seine-et-Oise*(1),

---

(1) Le département de *Seine-et-Oise*, borné au N. par celui de l'Oise, à l'E. par celui de Seine-et-Marne, à l'O. par celui d'Eure-et-Loir, et au S. par celui du Loiret, entoure de toutes parts le département de la Seine. Il prend son nom de la *Seine*, qui le traverse, et de la rivière d'*Oise*, qui y a son

près du territoire d'Orly, commune dont le chef-lieu, qui appartient au département de la Seine, est situé à droite et à quelque distance du chemin de fer.

Une vieille tourelle, restée debout dans le village, est un trophée oublié par le temps. Le souvenir d'un dévouement héroïque y est attaché. Lorsque les batailles de Crécy et de Poitiers eurent ouvert la France aux Anglais, leurs féroces armées remontèrent la Seine, pillant, dévastant les riches abbayes, et annonçant leur approche par l'incendie des villages qu'elles saccageaient. Les infortunés habitants fuyaient de toutes parts, se cachaient dans les forêts ou se creusaient des asiles dans des souterrains.

Deux cents paysans prirent l'héroïque résolution de résister à ces formidables Anglais qui infestaient la plaine depuis Montlhéry, et de s'ensevelir sous les ruines du château d'*Orly*. En vain leurs terribles adversaires essayèrent-ils de s'en emparer. Leurs attaques multipliées échouèrent contre le courage de ces braves.

Déjà depuis deux mois ces intrépides paysans soutenaient un siége effroyable ; en butte à toutes les privations, obligés de se nourrir de la chair de leurs compagnons tués à leurs côtés, n'ayant plus pour boisson que l'eau du ciel, ils résistaient toujours. Cependant, vaincus par la faim, il fallut se rendre ; mais, moins heureux qu'Eustache de Saint-Pierre, à Calais, et ses dignes compagnons, ces braves, dont l'histoire n'a pas gardé les noms, furent impitoyablement décimés, le village livré aux flammes, et ceux que le fer avait épargnés conduits en captivité.

Orly est aujourd'hui un charmant village.

La Seine, qui s'était rapprochée à Choisy-le-Roi, s'est tout à coup éloignée en formant une vaste courbe au-delà de laquelle, sur sa rive droite, et au pied d'un coteau, on aperçoit *Villeneuve-Saint-Georges*, bâti en amphithéâtre auprès de l'endroit où l'*Yères* (1) se jette dans le fleuve.

embouchure. Composé du Vexin français, de l'Hurepoix, du Mantois, il forme le diocèse de Versailles, suffragant de Paris, et fait partie de la première division militaire (chef-lieu, Paris). Sa superficie est de 560,337 hectares, sa population, de 449,582 habitants. Il est divisé en *six* arrondissements : *Versailles, Corbeil, Etampes, Mantes, Pontoise, Rambouillet*; 56 cantons de justices de paix et 687 communes. La ferme expérimentale de Rambouillet est célèbre ; à Grignon est établie une institution royale agronome.

(1) *Yères*, rivière qui prend sa source à *Villegagnon*, arrondissement de Provins (Seine-et-Marne), traverse ce département de l'E. à l'O., en passant par Rosoy et Brie-Comte-Robert, entre dans celui de Seine-et-Oise, et se jette dans la Seine près de Villeneuve-Saint-Georges, après avoir traversé la route royale de Paris à Lyon par Melun, sur laquelle est jeté un joli pont.

Villeneuve-Saint-Georges, autrefois *Villa-Nova*, arrondissement de Corbeil, département de Seine-et-Oise; population, 1050 habitants (Bureau et relai de poste), route de Paris à Lyon par Melun. Sa position, sur le flanc d'un coteau enrichi de coquettes habitations qui se montrent à travers la verdure des arbres de leurs parcs, lui donne un aspect délicieux. Ces ombrages riants ont pris la place des vieilles forêts qui virent les luttes du moyen-âge; plus tard, Villeneuve eut à souffrir des guerres de la ligue. Turenne a campé à l'angle formé par la Seine et par l'*Yères*. Villeneuve-Saint-Georges avait eu un hôpital fondé en 1458, qui n'existe plus depuis longtemps. Jadis aussi les vins de ce coteau étaient en réputation, et les moines de l'abbaye de Saint-Germain, propriétaires de *Villa-Nova*, en remplissaient leurs caves, où les vins du midi vinrent par la suite les remplacer avec avantage.

A droite du chemin de fer, presque en face de Villeneuve-Saint-Georges, et au loin, se trouve le village de Villeneuve-le-Roi (Seine-et-Oise). Le parc du château s'étend jusqu'au *rail-way*, qui en a écorné une petite partie. Philippe-Auguste fut le seigneur de ce village, qui passa ensuite aux Chartreux de Paris, sous l'obligation de nourrir les chiens du roi. Le célèbre Marcel, prévôt des marchands, en devint ensuite possesseur. De mains en mains, il arriva, en 1697, au contrôleur général Lepelletier, qui en fit une magnifique habitation; c'est à lui que Villeneuve-le-Roi doit aussi sa jolie église. La révolution a détruit en grande partie le château; ce n'est plus aujourd'hui qu'un pavillon d'où on jouit d'un ravissant coup d'œil.

Nous voici maintenant à *Ablon*, deuxième station du chemin de fer. (Parcouru, depuis Paris, 15 kilom.)

Disons un mot de ce village, pendant que le convoi quitte ou prend des voyageurs.

Ablon, commune de Seine-et-Oise, à gauche du *rail-way*, arrondissement de Corbeil, peuplée d'environ 500 habitants, est maintenant resserrée entre la Seine et le chemin de fer, qui passe, en arrivant au village, sur un *viaduc* assez remarquable, construit en biais et formé d'une charpente de fer portée sur des culées en pierre. Ce viaduc ouvre passage au chemin qui vient de *Villeneuve-le-Roi*.

Cette rivière coule sur un territoire tellement poreux et y fait tant de circuits, que malgré les nombreux ruisseaux qu'elle reçoit, son lit est à sec dans une grande partie de son cours; ce n'est qu'au-dessous de Brie-Comte-Robert, qu'ayant reçu des sources considérables, elle devient assez forte pour faire mouvoir des usines.

Les guerres de religion avaient donné du relief à Ablon parmi les villages des environs de la capitale. Les protestants y avaient un temple où ils obtinrent de Henri IV le libre exercice de leur culte, malgré la clause du traité de réduction de Paris qui exigeait au moins cinq lieues de distance. Ce temple ne fut point brûlé, comme le dit un historien; mais il fut remplacé par le célèbre temple de Charenton.

On peut traverser la Seine, à Ablon, au moyen d'un bac.

Le chemin de fer court maintenant parallèle avec le fleuve; peu d'instants ont suffi pour nous conduire devant le village de *Mons*, qui dépend de la commune d'*Athis-Mons*, autre station où nous arrivons après avoir passé, sur un pont, l'*Orge*(1) qui se jette dans la Seine à notre gauche. (Parcouru, depuis Paris, 17 kilom.)

ATHIS-MONS est ce joli village, à droite, à moitié caché par des arbres feuillus. S'il faut en croire les chroniqueurs, son nom primitif aurait été *Athagia*, qui signifie cabane; selon quelques-uns, *Athis* aurait été connu dans l'histoire dès le dixième siècle. Quand Paris tomba dans les mains des Normands, Athis reçut les précieuses reliques de sainte Geneviève, soustraites à la profanation; Athis doit avoir eu un château royal, car saint Louis y a séjourné en 1230, et Philippe-le-Bel en 1303. Le château actuel est moderne; la nature a presque fait seule les frais de sa magnificence.

Le clocher d'Athis remonte au treizième siècle. On montre aux curieux, dans le parc du château d'*Ossonville*, le tombeau de la chienne de Roquelaure dont l'épitaphe est de mademoiselle Scudéry.

Athis n'a point échappé à l'envahissement de l'industrie: on peut y remarquer une laminerie et une acierie.

En quittant Athis, le convoi roule pendant quelques minutes, et nous nous trouvons arrivés auprès de *Juvisy*, où la voie de fer qui doit conduire à *Orléans* se sépare brusquement, en se dirigeant à droite, de l'embranchement qui nous mène à Corbeil.

JUVISY est construit sur le flanc d'une colline qui domine la riante vallée où coule l'*Orge*; on y traverse cette rivière sur un pont remarquable: ce pont, placé sur la route de Paris à Lyon par Nevers, a soixante pieds de largeur entre les têtes; il est formé d'une seule arche de quarante pieds d'ouverture et de cinquante pieds de hauteur sous clef. Les parapets sont déco-

(1) L'*Orge*, rivière, prend sa source dans les environs de Dourdan, traverse Arpajon, passe très près de Montlhéry, et se jette dans la Seine à Athis, après avoir reçu l'Yvette, à peu de distance de Longjumeau.

rés de deux fontaines dont les inscriptions apprennent que leur construction date du règne de Louis XV. Longtemps elles manquèrent d'eau, mais Napoléon leur donna la vie; une inscription le rappelle.

Autrefois, la route traversait le village, mais, comme la pente rapide de la montagne rendait le chemin périlleux, on l'ouvrit, en 1727, à travers la colline, et les terrains enlevés furent transportés dans le ravin où coule la rivière de l'*Orge*, sur laquelle on jeta le pont que nous venons de citer.

Le château de Juvisy n'a de remarquable que son parc dont le célèbre Le Nôtre a donné le dessin.

Toujours sur la droite et au loin, ce village qu'on aperçoit à peine est *Savigny-sur-Orge*; on y remarque un château gothique entouré de fossés d'eau vive et flanqué de quatre tours; c'est une des plus belles habitations de la contrée.

Depuis *Ablon*, le chemin de fer avait suivi de très près la Seine, à partir de *Juvisy* il court entre le fleuve et la grande route de Paris à Lyon, qui passe à peu de distance. Nous nous arrêtons à *Châtillon*, quatrième station. (Parcouru, depuis Paris, 21 kilom.)

CHATILLON sur la Seine est un petit port assez important; ce hameau dépend de *Viry-Châtillon*, commune agréablement située, et qu'on voit à droite sur le penchant d'un coteau boisé, et entourée de charmantes maisons de plaisance, parmi lesquelles nous devons citer celle dite le *Pied-de-fer*, qui offre à la curiosité des voyageurs une galerie en [coquillages de trente-six pieds de long sur quinze de large, ouvrage de Claude Perrault, frère du célèbre auteur des *Contes de fées*.

On remarque encore à *Viry* une ruine de la féodalité : c'est un ancien fief qu'on appelle la *salle des marches*.

C'est à Viry que fut arrêté l'infortuné Foulon qu'une populace furieuse pendit à Paris, en 1789.

On sait combien les fromages de Viry sont en réputation et appréciés des gourmands; mais, on sait beaucoup moins que le lieu où ces célèbres fromages sont aujourd'hui à peu près inconnus est Viry même : c'est à Paris qu'ils sont fabriqués, par un épicier héritier du secret de fabrication d'un de ses ancêtres qui les faisait jadis à *Viry* dont ils ont conservé le nom. En quittant la station, on traverse un bras de l'*Orge* sur un pont de deux arches.

Vis-à-vis Châtillon, où le convoi s'est arrêté un instant, à gauche et au-delà de la Seine, et au pied d'un groupe de collines, on aperçoit, au milieu des arbres, le charmant village de *Draveil*, que le testament de Dagobert désigne sous le nom de *Dravernum*. Draveil a plusieurs hameaux dans sa dépendance : *Rouvres*, *Mainville*, qu'on aperçoit au loin sur la hauteur, sont les plus importants.

Trois ou quatre minutes après avoir quitté Châtillon, le convoi s'arrête de nouveau ; nous sommes à *Laborde*, joli hameau sur la Seine qui dépend de la commune de *Ris-Orangis*, peuplée de 590 habitants (Bureau de poste à Fromenteau), et dont le chef-lieu, que l'on voit à droite, est traversé par la route royale qui conduit à Lyon par Nevers. Bien que la station soit établie au hameau de *Laborde*, elle porte le nom de station de *Ris*. (Parcouru, depuis Paris, 24 kilom.)

Autrefois, un simple bac unissait *Ris* au hameau de *Champrosay*, dépendance de Draveil, situé sur la rive droite de la Seine ; depuis 1830, un pont suspendu, dont la travée a cent deux mètres de portée, lie les deux rives de la Seine : il est dû à la générosité de M. Aguado. *Ris* a un château qui fut habité par Henri IV.

Le château de *Fromont*, où avait été établi un institut agricole, est aussi une dépendance de *Ris* ; le chemin de fer traverse une partie du parc qui descend jusque sur le bord de la Seine. Les bois qu'on aperçoit au-delà du fleuve sont la lisière de la belle forêt de *Sénart*.

A partir de *Ris*, le chemin de fer, qui longe toujours de très près la Seine, s'éloigne de la route royale, à côté de laquelle il a couru pendant quelques instants. Le *rail-way* coupe une portion du parc de *Petit-Bourg* dont le château se voit à droite sur la hauteur. Construit par le duc d'Antin qui y reçut souvent Louis XIV et madame de Montespan ; devenu, sous Louis XV, un rendez-vous de chasse ; puis, possédé, tour à tour, par la duchesse de Bourbon et par Perrin, fermier des jeux ; quartier-général du prince de Schwartzemberg en 1814 ; acquis, en 1827, par le riche et célèbre banquier Aguado, le château de *Petit-Bourg* est aujourd'hui tombé dans les mains de spéculateurs qui dépècent cette magnifique et royale propriété. Déjà le parc est dépouillé de ses beaux arbres, et la démolition du château suivrait bientôt cette dévastation si le vendeur n'avait mis, dit-on, et pendant *dix* ans, comme un obstacle à la démolition, la nécessité d'obtenir le consentement du conseil municipal d'*Evry*.

Avant d'arriver à *Evry*, commune dont Petit-Bourg est une dépendance, nous voyons fuir quelques châteaux qu'il nous faut au moins signaler : c'est d'abord celui de *Mousseau*, dont le parc renfermait naguère une telle quantité de lièvres, que le propriétaire ne trouvait plus de fermiers, tant leurs ravages étaient considérables ; puis le château de *Beauvoir* : le parc, coupé par le chemin de fer en deux parties qui communiquent entre elles par deux élégantes passerelles, a reçu de cette disposition un agrément de plus ; on y voit un joli pavillon d'architecture italienne.

Bientôt cette rive gauche de la Seine que nous remontons va s'embellir d'une nouvelle *Villa*, qui porte déjà le nom de *Folie-Barbot*, et qui attirera la visite des voyageurs.

Nous voici à *Evry*, dernière station avant Corbeil. (Parcouru, depuis Paris, 28 kilom.)

Cette commune, peuplée de 300 habitants, située à droite et à peu de distance du chemin de fer, n'offre rien qui soit digne d'être remarqué. Disons seulement que sa petite église eut, il y a quelques années, l'honneur insigne d'une messe en musique composée par Rossini, et pendant laquelle le célèbre maestro voulut bien tenir le piano ; cette messe est la seule composition qu'il ait faite depuis 1830.

Vis-à-vis de la station où nous venons de nous arrêter, et au-delà de la Seine, se développe le village d'*Etioles* qui ne compte que 350 habitants ; il possède un château qui a appartenu à M. Lenormant, mari de Jeanne Poisson, devenue si célèbre sous le nom de marquise de Pompadour. A *Soisy-sous-Etioles*, autre village un peu plus au nord, se trouve le joli château habité longtemps par la marquise de Livry ; on voit dans ce village un puits artésien, foré en 1835, dans le jardin de M. Galignani : l'eau en jaillit, à quinze pieds au-dessus du sol, avec une abondance qu'on évalue à plus de trois litres par seconde.

Moins de cinq minutes nous suffisent maintenant pour franchir la distance qui sépare *Evry* de *Corbeil*, où nous arrivons après avoir parcouru, depuis Paris, 31 kilom.

Le débarcadère de Corbeil, dans lequel le convoi vient d'entrer, est placé en avant de la ville, tout proche d'un chemin qui conduit à *Essonne*.

A leur descente des wagons, les voyageurs qui doivent aller plus loin, et principalement aux lieux indiqués, page 23, trouvent, au débarcadère même, les voitures prêtes à partir ; ceux qui ont eu le soin de retenir leurs places à Paris sont assurés de les trouver libres : les autres ne peuvent y compter que lorsque les premiers sont placés.

CORBEIL.

PRINCIPAL HÔTEL. — Hôtel des *Créneaux*, tenu par Maneille, élève des *Trois Frères provençaux*. — Cet hôtel, situé place

Saint-Guesnault, au centre de la ville, sur le passage des voitures pour Melun, Fontainebleau, etc., offre aux voyageurs des appartements meublés et décorés avec goût, et une excellente table servie à volonté; — remises pour voitures et écuries pour cinquante chevaux.— On y jouit d'une vue charmante sur la Seine et d'une sortie sur le nouveau quai.

POSTE AUX LETTRES.—Rue Saint-Spire.—La levée des lettres a lieu à 7 h. 1/2 du matin, 1 h. et 6 h. du soir; on affranchit jusqu'à 6 h. du soir. Le courrier arrive à 7 h., à 10 h. 1/4 du matin et à 2 h. du soir.

CORBEIL est une ancienne, et autrefois ville forte, au confluent de l'*Essonne* (1) avec la *Seine*, qui la divise en deux parties inégales réunies par un pont ; aujourd'hui ville commerçante et industrielle, chef-lieu d'un des six arrondissements du département de *Seine-et-Oise* (2), siége d'une sous-préfecture, établie, ainsi que le tribunal de première instance, dans les bâtiments de l'ancien prieuré de Saint-Guesnault. Popul., 3,200 habitants.

La ville principale, la plus grande des deux parties séparées par le fleuve, est située sur la rive gauche. Le *vieux Corbeil*, ou faubourg Saint-Léonard, qui doit son nom à une petite église, est placé sur la rive droite; il faisait autrefois partie de la *Brie française*; le *nouveau Corbeil* est partagé en deux par la rivière l'*Essonne*.

Corbeil remonte à une haute antiquité, car on place sa fondation sous le règne de Charles-le-Chauve qui confirma, en 863, un échange entre le comte Conrad et les moines de Saint-Germain-l'Auxerrois. Parmi les biens échangés se trouvait un mans ou ferme, dite aux *Corbeilles, in Corbelis*; ne serait-ce pas l'étymologie de son nom? car nous ne pouvons admettre, avec quelques étymologistes, que Corbeil vient de Corbulon, gouverneur des Gaules. Ce fut à sa position sur la route suivie par les Normands, que cette ville dut son rapide

---

(1) L'*Essonne*, rivière qui, sous le nom de la *Juine*, prend sa source dans les environs de Pithiviers (Loiret), entre dans le département de Seine-et-Oise à Boigneville, court du S. au N., passe tout auprès de Malesherbes, traverse *Étampes*, prend ensuite le nom d'*Essonne*, et va se jeter dans la *Seine* à Corbeil, après avoir fait mouvoir un grand nombre d'usines qui animent la délicieuse vallée qu'elle parcourt, et que nous ne saurions trop engager les voyageurs, venus à *Corbeil*, à prendre pour but d'une charmante promenade.

(2) L'arrondissement de *Corbeil* est divisé en 4 cantons de justice de paix, *Arpajon, Boissy-Saint-Léger, Corbeil* et *Longjumeau*. Il contient 94 communes, et sa population est de 56,753 habitants.

accroissement. Le roi Louis-le-Gros y séjourna, en 1119, avec la reine Adélaïde et le pape Caliste II ; Corbeil devint, à peu près au même temps, le refuge d'Abeilard forcé de quitter Melun ; plus tard, Corbeil fut donné, comme douaire, à la reine Ingeburge, épouse de Philippe-Auguste : elle y mourut en 1236 ; c'est elle qui fit construire, dans une île formée par l'*Essonne*, l'église de Saint-Jean-en-l'Ile qui était desservie par des prêtres de l'ordre des chevaliers de Saint-Jean-de-Jérusalem.

Prise et pillée, en 1358, par Le Bègue de Vilaine, cette ville fut ensuite ravagée par les Anglais et les Navarrais ; en 1393, des hommes d'armes français y commirent des excès inouïs, et, six ans plus tard, le chef anglais Robert Kanole l'assiégea et la brûla en partie.

Sous Charles VII, encore dauphin, Corbeil fut inutilement assiégé par les Anglais et les Bourguignons ligués contre ce prince. C'est dans le château de Corbeil que George d'Amboise fut enfermé par l'ordre de Charles VII.

Cette ville fut vendue ou échangée plusieurs fois par les rois de France : d'abord, par Louis XII, à Louis de Graville ; puis, par François Ier, à l'évêque de Béziers, et par Henri II, à François de Kervenenoy.

Sous Charles IX, les catholiques s'y défendirent vaillamment contre les huguenots, et les repoussèrent ; puis, par un étrange retour, devenue huguenote sous Henri IV, cette ville, après vingt-quatre jours de résistance, tomba au pouvoir du duc de Parme, chef des ligueurs et de l'armée espagnole.

Corbeil fut démantelé sous Louis XIII, et de ville de guerre devint cité manufacturière et commerçante.

Son dernier chef féodal a été le duc de Villeroy ; il était seigneur engagiste de Corbeil au moment de la révolution de 1789.

Le voyageur ne doit pas s'attendre à trouver à Corbeil des monuments remarquables ; l'église de Saint-Spire n'a rien qui soit digne d'attirer les curieux ; fondée par Haymon, Ier comte de Corbeil, un incendie la détruisit entièrement en 1140, et sa reconstruction ne fut achevée qu'en 1437. Le tombeau du fondateur, décoré de sa statue couchée, est placé dans une des chapelles ; il porte cette inscription : « A la mémoire de
« messire Haymon, comte de Corbeil, prince d'une très haute
« piété, fondateur de cette église, où il fut inhumé dans le
« milieu du dixième siècle, après l'avoir enrichie des reliques
« des trois premiers évêques de Bayeux, saint Spire, saint Leu
« et saint Renobert, déposées dans leurs châsses sous le
« maître-autel. »

Corbeil possède une petite salle de spectacle, une bibliothèque publique, un hospice civil bien tenu.

La petite église de Saint-Jean-en-l'Île, maintenant propriété particulière, restaurée récemment, mais non ouverte au culte, mérite d'être visitée, ainsi que la vieille église du village de Saint-Germain, de l'autre côté de la Seine.

Mais si Corbeil n'est pas riche en monuments, en revanche il est placé dans une si agréable situation, ses environs offrent de si délicieuses promenades, des sites pittoresques si variés, surtout dans les vallées qu'arrosent les ramifications de l'*Essonne*, qu'on ne doit pas s'étonner de la foule de voyageurs que la belle saison y attire et dont l'agrément du chemin de fer centuplera le nombre. Nous leur recommandons la promenade entre Corbeil et Essonne, bordant le canal qui avait été projeté pour unir la Seine à la Loire.

INDUSTRIE, COMMERCE. — La fabrication des farines est une des principales branches de l'industrie de Corbeil; aussi y trouve-t-on des moulins devenus les plus importants et à coup sûr les plus remarquables de France. Ces usines, qui des mains du roi étaient passées à l'hôpital général de Paris, devenues la propriété de madame la vicomtesse de Noailles, sont exploitées par M. Darblay jeune. Placées au confluent du bras principal de l'*Essonne* avec la Seine, elles se composent de trente-sept paires de meules, mises en mouvement par deux turbines construites par M. Darblay. Rien n'égale la perfection de ces moulins, dont les produits sont d'une supériorité incontestable et incontestée.

Il existe à Corbeil quatre autres usines à blé, dont deux d'une grande importance.

Les farines de Corbeil concourent, comme on sait, à l'alimentation de Paris: jusqu'à présent, elles y arrivaient par la Seine; le chemin de fer leur a ouvert une nouvelle voie bien plus rapide et sans doute plus économique.

Corbeil possède aussi une filature de lin appartenant à M. Feray, d'où la matière première, convertie en toile blanchie, en linge de table façonné, est livrée au commerce dans un état d'admirable perfection.

Les beaux produits de la fabrique de châles de M. Denerousse ont fixé l'attention publique à chaque exposition industrielle.

Aux portes de Corbeil se trouvent: la filature de coton de *Chantemerle*; la fabrique de toiles peintes créée par M. Oberkampf; une filature de laines longues; une laminerie de cuivre; une manufacture de tuyaux sans coutures pour les pompes à incendie; une fabrique de courroies et de sangles pour les machines hydrauliques.

Foires. — Il y a *foire* à Corbeil la veille des Rogations ; elle dure neuf jours. C'est à cette époque la fête de Corbeil, la Saint-Spire, qui attire un grand concours, merveilleusement favorisé désormais par la facilité du transport par le chemin de fer.

Routes.—Différentes routes aboutissent à Corbeil ou en partent ; quelques-unes deviendront bientôt inutiles aux voyageurs, qui préféreront la voie bien plus rapide du chemin de fer, quand ce chemin ira jusqu'à Orléans et que, de Corbeil, il s'allongera jusqu'à Fontainebleau. — La Poste aux chevaux est à *Essone*.

Bateaux a vapeur. — Les bateaux qui viennent de *Montereau*, allant à Paris, passent à *Corbeil* tous les jours vers deux heures après-midi.

Ceux venant de Paris, pour *Melun* et *Montereau*, arrivent à *Corbeil* tous les jours, à dix heures et demie du matin.

Nota. *Les voyageurs qui veulent en profiter doivent se trouver prêts pour le moment du passage.*

De CORBEIL a PARIS,

Par *Evry*, *Ris*, *Châtillon*, *Athis-Mons*, *Ablon* et *Choisy*.

Heures de départ. (Voy. le n° 8 du tableau, page 22.)

Les départs ont lieu, de chaque station intermédiaire, au passage des convois.

Prix des places. (Voy. le tableau, page 24.)

Transport des bagages. (Voy. le tableau, page 25.)

Pour les détails de la route, Voir de la page 27 à la page 37.

Une grande partie des Voyageurs venus à *Corbeil* par le chemin de fer, étant attirés à *Fontainebleau* par le désir de parcourir la belle forêt qui l'entoure, et de visiter le magnifique château royal qui a fait la renommée de cette jolie ville, nous avons cru devoir étendre jusqu'à *Fontainebleau* le *Guide* que nous offrons au public.

DE CORBEIL A FONTAINEBLEAU,

Par Essonne.

(Voyez CORBEIL, page 37.)

HEURES DE DÉPART DES VOITURES :—à l'arrivée des convois du chemin de fer à Corbeil, partis de Paris aux heures indiquées, p. 23.

Longueur de la route, 28 kilom (7 lieues de poste).

Durée approximative du trajet, 3 heures.

En sortant de l'embarcadère de *Corbeil*, les voitures pour *Fontainebleau* prennent à droite et suivent le chemin qui va joindre à *Essonne* la route royale de Paris à Lyon par Nevers.

ESSONNE, commune de l'arrondissement et du canton de *Corbeil* (Seine-et-Oise), dont elle n'est éloignée que d'un kilom. est traversée par la rivière l'*Essonne*. (V. page 38.)

Ce joli bourg, dont la population est de 2,717 habitants, placé dans un riant vallon, n'est à peu près composé que d'une seule rue formée par la route royale; on y trouve plusieurs hôtels, et les étrangers que les agréments du pays engagent à y faire quelque séjour, peuvent s'y loger convenablement.

Le bureau de poste est à *Corbeil*. — Relai. — (3 postes 3/4 de Paris, 7 lieues 1/2).

PRINCIPAUX HÔTELS. — Du *Lion-d'Or*. — Du *Dauphin*, — Du *Croissant*.

COMMERCE ET INDUSTRIE. — *Essonne* avait autrefois une poudrière royale, qui fut détruite par une épouvantable explosion et qu'on a depuis lors transportée au *Bouchet*, commune de *Vert-le-Petit*, arrondissement de *Corbeil*.

Essonne possède plusieurs manufactures, entre autres une tisseranderie, pour les tissus de coton et les tissus de lin, d'où sortent des services de table qui rivalisent avec les plus beaux de Saxe; une filature de coton; des ateliers pour la construction des machines et surtout des moulins; une filature de laines longues, établie sur l'emplacement de l'ancienne poudrière; un laminoir de cuivre; une manufacture d'étoffes pour chapeaux d'hommes; des papeteries, notamment celle dite d'Essonne, établie dans le système le plus complet, et remarquable par la beauté de ses produits.

En outre, la charmante vallée où coule la rivière est animée par un grand nombre d'usines diverses.

En quittant *Essonne*, on gravit une côte rapide, et après avoir parcouru environ une lieue, ayant toujours la *Seine* à gauche et à peu de distance, on laisse à droite la route qui conduit à *Étampes*, par *Menecy* et *La Ferté-Aleps*; bientôt après on quitte le département de *Seine-et-Oise*, pour entrer dans celui de *Seine-et-Marne* (1), et on arrive à *Ponthierry*, commune de l'arrondissement de *Melun;* bureau de poste et relai. (Parcouru depuis *Essonne*, 10 kilom., et depuis *Corbeil*, 11 kilom.)

En quittant *Ponthierry*, on s'éloigne de la Seine, et après

---

(1) Le département de *Seine-et-Marne* tire son nom du fleuve et de la rivière qui le traversent. Il est borné au N. par le département de l'Oise et de l'Aisne; à l'E., par ceux de la Marne et de l'Aube; au S., par ceux de l'Yonne et du Loiret; à l'O , par celui de Seine-et-Oise. Sa superficie est de 601,000 hectares, dont une huitième partie est couverte de forêts. Sa population est de 325,881 habitants. Le cours de la Seine dans le département est d'environ 90,000 mètres, et celui de la Marne, de 100,000. Il existe trois canaux, le canal *du Loing*, en prolongement de celui de Briare, le canal de *l'Ourcq*, le canal de *Provins*. La ligne de navigation par les rivières et les canaux y a une étendue de 232,000 mètres, et le développement des routes royales et départementales qui sillonnent le département est de 899,000 mètres.

Le département de Seine-et-Marne est divisé en cinq arrondissements (*Melun*, chef-lieu, *Coulommiers, Fontainebleau, Meaux* et *Provins*), et 29 cantons de justice de paix; on y compte 555 communes Il forme le diocèse de Meaux, suffragant de Paris, ressortit de la Cour royale de Paris, et fait partie de la première division militaire.

un kilom. de marche, on trouve *Pringy*, petite commune d'où part, sur la gauche, une route qui conduit à *Melun*, chef-lieu de département, distant de ce point d'environ 13 kilom. Bientôt on arrive à *Chailly en Bière* (1), relai de poste. (Parcouru, depuis *Essonne*, 18 kilom., et 19 depuis *Corbeil*.)

A un kilom. environ, après *Chailly*, on quitte l'arrondissement de Melun pour entrer dans celui de Fontainebleau, et la route pénètre dans la célèbre forêt (Voy. page 69), au milieu de laquelle est située la ville de *Fontainebleau*, à laquelle on arrive après 10 kilom. de marche depuis *Chailly*. (Parcouru, depuis *Essonne*, 28 kilom.)

FONTAINEBLEAU.

PRINCIPAUX HÔTELS.

Grand hôtel de *la Syrène*, rue de France, n. 40, tenu par Dumont.

Cet hôtel, bien disposé, offre aux voyageurs tout ce qui peut leur être agréable, tant sous le rapport du logement que sous celui de la table. On sert à volonté et à des prix très modérés.

Hôtel du *Grand Cadran bleu et du Commerce*, grande rue, n. 11, près le palais.

Appartements confortables, table d'hôte et repas particuliers à des prix très modérés.

BAINS PUBLICS, rue Basse, — rue Saint-Méry.

POSTE AUX LETTRES. Dernière levée de la boîte, pour les deux départs, à 10 h. 3/4 du matin et 8 h. 1/2 du soir. On affranchit jusqu'à 5 h. 1/2 du soir.

La distribution des lettres a lieu tous les jours à 7 du matin en été et à 8 h. en hiver.

THÉÂTRE, rue Marié; il n'y a spectacle qu'accidentellement, ar la troupe qui dessert *Melun*.

VOITURES A VOLONTÉ. — On trouve des voitures à volonté, pour les excursions dans les environs et pour les promenades dans la forêt, chez Orson, place au Charbon; —Naigeon, sellier, rue de France, 49; — Bernard, sellier, rue de France, 59.

VOITURES pour *Corbeil*, correspondant avec les convois du

---

(1) *Chailly-en-Bière*. Ce village est ainsi nommé du voisinage de la forêt de Fontainebleau, jadis *forêt de Bière*. (Voir la note 1, page 47.)

chemin de fer partant de Corbeil pour Paris. (*Voir*, page 22, le N° 13 du *Tableau des Départs.*)

Entreprise Leloir, Duclerc et Peigné jeune, place au Charbon, à *l'Aigle noir*.—Départs pour Corbeil, à 7 h. 1/2 et 9 h. 1/2 du matin, 1 h. 1/2 et 5 h. 1/2 du soir.

Entreprise Constant Ricois, et comp., Grande-Rue, au *Cadran bleu*, départs pour *Corbeil*, à 5 h. 1/2 et 11 h. 1/2 du matin, 3 h. 1/2 du soir.

Voitures diverses — pour *Orléans*, tous les jours à 6 h. du matin, par *Malesherbes* et *Pithiviers*.

Pour *Nemours*, 3 départs par jour, à 4 h. 1/2 et 11 h. 1/2 du matin, 3 h. 1/2 du soir.

Pour *Montereau*, 2 départs par jour, à 7 h. du matin et 4 h. du soir.

Pour *Melun*, 4 départs par jour, à 4 h., 8 h. et 11 h. du matin, et 4 h. du soir.

Poste aux Chevaux, rue de Nemours. — Il est dû deux kilomètres sur toutes les sorties.

FONTAINEBLEAU, jolie ville, chef-lieu de sous-préfecture du département de Seine-et-Marne, située au milieu de la vaste et belle forêt royale du même nom, à 14 lieues et demie S. E. de Paris, et à 4 lieues, S. de *Melun*, chef-lieu du département.

Fontainebleau est percé de jolies rues, larges, bien bâties et fort propres, mais peu animées, la population qui n'est que de 8,500 habitants, ne répondant pas à l'étendue de la ville.

Sa forme est plus longue que large; deux routes qui se réunissent sur la place de Ferrare, traversent la ville; l'une, celle de Paris par Essonne, de l'O. à l'E., l'autre, celle de Paris par Melun, du N. au S.

A la sortie de la ville, du côté du S., un obélisque de 50 pieds, élevé par Louis XV, marque le point où trois routes viennent aboutir à la route de Paris; celle à droite conduit à Orléans, par Pithiviers; celle du milieu, mène à Lyon par Montargis et Nevers; la route de gauche se dirige sur la Bourgogne, par Montereau et Sens.

Pour l'exploitation des grès et des bois de la forêt, une autre route fort belle et plantée d'arbres part de la barrière de l'Est et se termine à *Valvin*, sur la Seine. Valvin est le port de Fontainebleau; c'est là qu'on embarque les grès pour le pavage de Paris; là s'arrêtent, pour recevoir ou quitter des voyageurs, les *Bateaux à vapeur* qui descendent vers Paris ou qui remontent vers Montereau (1). Valvin, qui n'est qu'à trois quarts de lieue de Fontainebleau, offre en outre aux habitants l'agrément et le but d'une jolie promenade, par la route plantée dont nous avons parlé.

Fontainebleau possède un tribunal de première instance, un collége communal, un dépôt de mendicité, un hospice où sont reçus les enfants-trouvés et les vieillards, et un hôpital pour les malades (2).

Le château excepté, Fontainebleau n'offre aucun monument à la curiosité des étrangers ; après les deux hospices que nous venons d'indiquer, et l'église dont nous n'aurons tout à l'heure qu'un mot à dire, on ne peut mentionner que les casernes de cavalerie qui n'ont rien de plus remarquable que tous les édifices du même genre.

COMMERCE ET INDUSTRIE. — Fontainebleau n'est point précisément une ville industrielle, et on ne peut y signaler aucune manufacture importante, si ce n'est une fabrique de porcelaine, genre rocaille, dont les produits furent remarqués à la dernière exposition (1839) ; l'exploitation des carrières de *grès*, qui se trouvent dans la forêt, lequel taillé en *pavés*, s'expédie à Paris, forme, avec les coupes de bois, deux branches de commerce qui occupent beaucoup de bras.

On connaît partout le *chasselas* de Fontainebleau ; les meilleurs viennent de *Thomery*, charmant village voisin de Fontainebleau, situé sur un coteau qui domine la *Seine* ; sa récolte approvisionne les tables de Paris, et souvent celles de Londres, d'un raisin de la plus délicieuse saveur, et supérieur même à ceux de la *treille du roi*, dont nous aurons occasion de parler. Nous disons plus loin (page 67), l'origine et l'époque de l'introduction de ces précieux ceps dans le pays.

On a beaucoup discuté sur l'étymologie de *Fontainebleau*, et nous pourrions aisément nous jeter dans une longue digression pour arriver peut-être à ne pas savoir au juste, si Fontainebleau dérive de *Fontaine belle eau*, à cause des lim-

(1) Les *bateaux à vapeur* qui descendent de *Montereau* vers *Paris* passent à *Valvin* tous les jours, à 9 heures 1/2 du matin. Des voitures de correspondance prennent les voyageurs à leur domicile pour les conduire aux bateaux. — Le bureau est à Fontainebleau, chez Cadot, libraire, place au Charbon, 6.

(2) L'hospice pour les vieillards et les enfants-trouvés est situé à l'extrémité *nord* de Fontainebleau ; il fut fondé, en 1696, par madame de Montespan.

L'hôpital pour les malades, dans la rue Royale, en face de la grille du château, doit sa fondation à la reine Anne d'Autriche, en 1646, et les militaires malades y sont reçus. Il y a une école pour les filles.

pides eaux de quelque fontaine ; ou si son nom lui vient d'une source située sur un terrain qui appartenait à un nommé *Bleaud, Blaud* ou *Ebleau*, étymologie tout aussi possible, plus probable même, puisque diverses chartes de dates différentes, émanées de plusieurs rois depuis Louis VII, nomment ce lieu, tantôt *fons Bleaudi*, tantôt *fons Ebleaudi*, *fons Blealdi*, *fons Bliaudi*, toutes dénominations où rien ne rappelle la *belle eau de la fontaine*. Quoi qu'il en soit de l'étymologie, Fontainebleau doit son origine à un modeste pavillon de chasse construit dans la forêt de *Bière* 1), et que Louis VII, puis Philippe-Auguste vinrent passagèrement habiter ; quelques maisons se groupèrent autour et formèrent un village ; le village devint ensuite un bourg, qualification qu'il garda jusqu'à la révolution de 1789 ; à mesure que le château s'était agrandi et embelli sous les règnes successifs de nos rois, Fontainebleau avait pris un plus grand accroissement et est enfin devenue la jolie ville que nous voyons aujourd'hui.

Malgré la prédilection de François 1er pour cette résidence, les grands travaux qu'il y fit exécuter, et les séjours de ses successeurs, c'est surtout sous Henri IV que la population et l'importance de la ville s'accrurent considérablement, et cependant il n'y avait pas encore, même à cette époque, d'église paroissiale, les habitants étaient obligés d'aller remplir au village d'Avon leurs devoirs religieux (2).

Ce ne fut qu'en 1624, sous le règne de Louis XIII, que l'on construisit l'église paroissiale de Saint-Louis (3), édifice plus que modeste, peu digne d'une ville alors déjà célèbre et par son admirable situation au milieu d'une des plus belles forêts de l'Europe, et par son magnifique château royal si digne d'être visité, et si peu connu cependant, quoique aux portes de Paris.

(1) C'était un des noms anciens de la forêt de Fontainebleau (car son nom primitif ne nous est pas connu) ; elle l'a conservé longtemps après que le nom de Fontainebleau était parvenu, ainsi que le prouvent diverses lettres de François 1er, dont une de décembre 1529. Le nom de *Bière* paraît lui avoir été donné, en 845, lorsqu'un chef de pirates danois, nommé Bier-Côte-de-Fer, assiégeant Melun, établit son camp dans la plaine qui sépare la ville de la forêt de Fontainebleau. Dans le dix-huitième siècle, une des portes de Melun s'appelait encore la *porte de Bière*.

(2) *Avon*, village qui touche à Fontainebleau ; l'église de Saint-Pierre d'Avon, dont la fondation remonte au dixième siècle, fut, jusqu'au règne de Louis XIII, la paroisse de la ville et du château de Fontainebleau.

(3) L'église fut construite sur l'emplacement de l'hôtel Martigues, cédé en pur don par la duchesse de Mercœur, sous la condition d'y bâtir une chapelle dépendante de la paroisse d'Avon. C'est dans cette église, qui n'offre aujourd'hui que des murs nus et délabrés, que fut jurée par Louis XIII, le 16 septembre 1629, avec grande solennité, la paix entre la France et l'Angleterre.

Le chemin de fer de Corbeil, en abrégeant la longueur de la route, centuplera sans doute bientôt le nombre des voyageurs, jaloux de visiter un des plus magnifiques, et certainement un des plus curieux monuments de France, même après le château et le parc de Versailles.

LE CHATEAU (1).

Fontainebleau est sans contredit, parmi nos châteaux royaux, le plus riche en souvenirs historiques. Louis-le-Jeune, son fondateur, en fit consacrer la chapelle par Thomas Becket (2); Philippe-Auguste, quand il y séjournait, nourrissait les pauvres de l'Hôtel-Dieu de Nemours, du pain qui restait de sa table (3); saint Louis l'appelait son désert, et pensa y mourir; Philippe-le Bel y naquit; Louis XI y commença une bibliothèque que Louis XII fit transporter à Blois; François Ier y donna des fêtes à Charles-Quint son ennemi, et y reçut le dernier soupir de Léonard de Vinci; Henri II y célébra des tournois pour plaire à Diane de Poitiers sa maîtresse; Charles IX y signa la grâce de Condé et Henri IV l'arrêt de Biron; Louis XIII y reçut le baptême; Christine y fit assassiner Monadelschi, et Louis XIV y révoqua l'édit de Nantes. Il y donna, en présence de l'ambassadeur du roi de Suède, une brillante fête (4), qui fut comme le prélude de celles dont plus tard Versailles devint le théâtre. Le grand Condé y mourut de la maladie qu'il avait gagnée au chevet du lit de sa belle-fille, la duchesse de Bourbon. Marie Leckzinska de Pologne y épousa Louis XV et y fut couronnée. Le Dauphin, fils de Louis XV, y vit prématurément finir sa vie remplie de vertus; ce monarque vint y recevoir la princesse de Savoie, future épouse de son petit-fils le comte de Provence, depuis Louis XVIII; et deux ans après, une autre princesse de Savoie qui venait épouser son autre petit fils le comte d'Artois, qui a été Charles X. Pie VII y fut reçu par Napoléon, qu'il venait couronner, et, huit ans plus tard, l'empereur l'y retenait prisonnier pendant dix-huit mois. En 1808, Charles IV d'Espagne y demeura quelques jours après

(1) Pour être admis à visiter le château, il faut être porteur d'une permission de l'intendance générale de la liste civile, ou seulement d'un *passeport*, et s'adresser à la *conciergerie*, au bâtiment *à gauche*, dans la *Cour du Cheval blanc*.

(2) Archevêque de Cantorbery, qui fut depuis mis au rang des saints.

(3) Ce don avait lieu en vertu d'une charte de 1186. Pendant un des voyages de la cour de Louis-Philippe à Fontainebleau (octobre 1839), l'Hôtel-Dieu de Nemours est venu réclamer le droit qui lui avait été attribué par Philippe-Auguste.

(4) *Le ballet des Saisons*, joué le 25 juillet 1661.

son abdication; le mariage de Jérôme Napoléon y fut célébré; Enfin, Napoléon y déposa la couronne; puis, Fontainebleau a vu le roi Louis XVIII y recevoir la princesse Caroline de Naples, future épouse du duc de Berry son neveu, et en 1837 le mariage du duc d'Orléans s'y est accompli.

Nous passons sur bien d'autres faits historiques dont Fontainebleau a été le théâtre, mais ce qu'on vient de lire suffit pour justifier la célébrité de cette belle résidence.

Le château, ouvrage de plusieurs souverains, formé d'une réunion de batiments de style et de caractères divers, a toujours été, depuis François Ier, l'objet des soins de tous les rois de France; mais ce monarque, qui se plaisait à l'habiter, est, de tous nos rois, celui qui y a laissé le plus de traces d'une prédilection telle, que lorsqu'il se rendait à Fontainebleau, il avait coutume de dire : *Je vais chez moi.* Des travaux moins considérables y furent exécutés sous les règnes suivants; Henri IV peut être compté parmi ses plus zélés restaurateurs, Louis XIII et Louis XIV se plurent aussi à l'embellir, et Louis XV fit reconstruire sur l'ancien plan, en y conservant les armes et les emblèmes de François Ier son fondateur, le *pavillon des armes* qui avait été brûlé sous Louis XIV (1). Mais c'est du commencement de ce siècle et à l'époque où le pape Pie VII venant à Paris pour sacrer Napoléon, fut reçu à Fontainebleau par l'empereur, c'est à cette époque, disons-nous, qu'on peut faire remonter la nouvelle restauration du château, auquel on ne cessa de travailler jusqu'en 1814; les appartements remis à neuf furent remeublés, la grille de la cour du Cheval blanc remplaça un ancien bâtiment en ruine, et le jardin anglais fut dessiné et planté.

La chute de l'empire devint fatale au château et à la ville; le mouvement qui l'avait animée cessa presque tout à coup, car les rois Louis XVIII et Charles X ne firent que de rares voyages à Fontainebleau. Le premier n'y vint qu'une fois pour y recevoir la future épouse du duc de Berry; c'est lui néanmoins qui fit terminer la restauration de la galerie de Diane, et le second y passait à peine, de temps à autre, quelques jours pour chasser dans la forêt.

(1) *Le pavillon des Armes,* un des cinq qui forment la principale façade du château sur la cour du Cheval blanc, avait reçu ce nom, parce que François Ier y avait rassemblé des armes de tous les siècles et de tous les peuples. La plus grande partie de ces armes a été transportée au Musée d'artillerie à Paris. — L'armure de Henri II, encore très jeune, est à la Bibliothèque royale.

C'est dans le *pavillon des Armes* que fut enfermé le maréchal de Biron après son arrestation, en attendant sa translation à la Bastille.

Le roi Louis-Philippe, qui a le goût des constructions, y fait travailler depuis plusieurs années, et c'est à ce prince que sera due une restauration, qui va être bientôt complète, de cette magnifique résidence.

LES COURS. — L'ensemble des bâtiments forme plusieurs cours, ainsi nommées : Cour du Cheval blanc, Cour de la Fontaine, Cour Ovale ou du Donjon, Cour des Princes, et Cour des Cuisines ou d'Henri IV.

Cour du Cheval blanc; cette vaste cour sert d'entrée principale au château; créée sous François Ier, elle prit sous Charles IX le nom du *Cheval blanc*, d'une copie en plâtre de la statue de Marc-Aurèle, que le Primatice avait fait mouler à Rome, par les ordres de Catherine de Médicis, et qui fut placée sous un dôme. — Le cheval fut brisé en 1626.

Construite sur les dessins de l'architecte Serlio, la cour du Cheval blanc était divisée en quatre parties pour les différents jeux et tournois; elle était terminée par des fossés et un pont-levis, du côté où se trouve aujourd'hui l'escalier du Fer-à-cheval, qui fut construit plus tard. Deux piédestaux, dont il reste des vestiges, portaient les statues de *Bacchus* et de *Céphale*. La belle grille qui laisse voir la place de Ferrare, par laquelle on arrive au château, est due à Napoléon, qui la fit construire en remplacement des vieux bâtiments qui la fermaient de ce côté (1).

Dans le grand bâtiment à droite, Napoléon avait établi une école militaire, qu'il fit, en 1808, transférer à Saint-Cyr; avant Louis XV, à la place de cette aile de bâtiment, à laquelle on a donné le nom de ce prince, une célèbre *galerie* portant le nom d'*Ulysse* montrait aux visiteurs ses belles fresques, où le pinceau du Primatice avait représenté l'histoire du roi d'Ithaque(2). Du côté de la grille, à l'extrémité de cette aile et sous le pavillon qui la termine, était jadis une grotte dite du Jardin des *Pins*, dans laquelle se trouvaient des bains mystérieux qui donnèrent lieu à plus d'une aventure.

---

(1) La place de *Ferrare*, sur laquelle donne la principale entrée du château, tire son nom d'un bel hôtel appartenant au cardinal de Ferrare, qui se trouvait en face et qui a été démoli.

Le vestibule de cet hôtel avait une curieuse peinture à fresque, qui représentait l'étrange aventure arrivée à deux cerfs qui, en se battant, entrelacèrent tellement leurs bois, qu'ils ne purent se dégager, et furent trouvés morts dans la forêt.

(2) Le Primatice avait orné cette galerie de cinquante-huit grands tableaux à fresque. Quatre-vingts autres tableaux ou médaillons peints à fresque en camaïeu ou sur émail remplissaient les quatorze compartiments de la voûte. Les arts ont à déplorer la perte de ces chefs-d'œuvre.

Louis XIII fit construire par l'architecte Lemercier le bel escalier en fer-à-cheval; il a remplacé un autre escalier qui aboutissait à une terrasse du haut de laquelle la cour assistait aux tournois.

Cet escalier est la principale entrée du château dont la façade est formée de cinq pavillons : 1° le Pavillon des *Aumôniers* ou de *l'Horloge*; 2° le Pavillon des *Armes* (1); 3° le Pavillon du milieu dit *des Peintures*, ainsi nommé d'un grand nombre de tableaux des grands maîtres des écoles italiennes, qu'on y avait réunis. On y lit cette inscription : D. O. M. *Karolus IX Dei gratiâ Francorum Rex ann. Dom. MDLXV.* Le buste en marbre, de François Ier, qu'on voit au-dessous, y a été placé par ordre du roi Louis-Philippe; 4° le Pavillon dit *le gros Pavillon;* 5° le Pavillon dit *des Poêles*, à cause des poêles que François Ier avait fait venir d'Allemagne pour le chauffer.

Plusieurs tournois furent donnés dans *la Cour du Cheval blanc* sous François Ier, Henri II et Charles IX.

C'est dans cette cour, à quelques pas en avant de l'escalier en fer-à-cheval, que le 20 avril 1814, Napoléon fit ses adieux à sa garde et aux vieux soldats qu'il avait si souvent conduits à la victoire (2).

Onze mois après, le 20 mars 1815, il passait en revue au même endroit, les soldats qui l'avaient accompagné à l'Ile d'Elbe et qui le ramenaient aux Tuileries.

Cour de la Fontaine ou *des Fontaines*. Elle est entourée de batiments sur trois côtés; la partie sud est restée ouverte sur les jardins; une fontaine, surmontée de la statue d'Ulysse, qui l'était autrefois de celle de Persée, et dans le bassin de laquelle quatre mascarons versent de l'eau, en est l'unique décoration; une partie des bâtiments qui entourent cette cour servit de logement aux reines-mères, et à Charles-Quint en 1539.

Cour d'honneur; c'était autrefois la *Cour du Donjon* ou *Cour ovale.* Un vieux donjon qui remontait aux temps primitifs de la fondation du château lui avait valu son premier nom; elle

---

(1) C'est dans ce pavillon, appelé aussi *Pavillon des Reines*, parce que Catherine de Médicis et Anne d'Autriche l'avaient habité, que se tint, le 21 août 1560, cette célèbre *assemblée des notables*, à laquelle furent présents, à la tête des plus illustres personnages de l'Europe, le jeune roi François II, et sa jeune et belle épouse, Marie Stuart, la reine-mère, Catherine de Médicis, les frères du roi, qui furent depuis Charles IX et Henri III, le cardinal de Lorraine, le chancelier de L'Hôpital, etc., etc.

(2) Peu de temps avant, le 25 janvier 1814, dans cette même cour, le pape Pie VII, rendu enfin à la liberté, après dix-huit mois de captivité dans le château, avait béni, avant de monter en voiture, et au milieu de plusieurs cardinaux, le peuple assemblé en foule et agenouillé autour de lui.

reçut le nom d'*Ovale* quand François Ier lui eut donné cette forme ; Napoléon la nomma la *Cour d'honneur*.

On attribue à Henri IV la galerie circulaire qui règne autour et que supportent quarante-cinq colonnes de grès, ornées de figures bizarres. Serlio a construit le porche qu'on voit au milieu de cette cour ; le roi s'y plaçait dans les grandes cérémonies, et c'est de là, qu'après la chasse, il voyait faire la curée ; une porte qui conduit à *la Cour d'Henri IV* ou *Cour des Cuisines* est surmontée d'un dôme construit par les ordres d'Henri IV : c'est sous ce dôme que fut publiquement et solennellement baptisé le Dauphin, fils d'Henri IV, depuis Louis XIII (1) ; la porte reçut à cette occasion et a conservé le nom de *Porte Dauphine*.

De cette porte on peut voir *l'ancienne Cour des offices*, bâtie par Henri IV ; elle a quarante-cinq toises de long sur quarante de large, et les bâtiments se composent de dix-sept pavillons.

Cour des Princes. On traverse au-dessous du porche élevé par Serlio le vestibule de l'escalier de la reine, et on se trouve à l'aile des bâtiments de la *Cour des Princes*, jadis l'ancienne *Galerie des cerfs*, qui avait pris son nom des bois de cerfs placés à côté des tableaux qui la décoraient et qui représentaient les plus anciens châteaux de France.

C'est dans cette galerie que Christine de Suède fit assassiner son écuyer Monaldeschi. Ce triste souvenir était rappelé par une croix et le mot *Dieu* gravé sur une pierre à côté de la quatrième croisée.

Cette galerie des cerfs fut détruite sous Louis XV ; dans la troisième des chambres, construites sur son emplacement, Louis-Philippe a fait mettre cette inscription : *C'est près de cette fenêtre que Monaldeschi fut tué, par ordre de Christine reine de Suède, le* 10 *novembre* 1657 (2).

(1) Avec le dauphin, né le 27 septembre 1601, furent baptisées les deux princesses ses sœurs, Élisabeth de France, née à Fontainebleau le 22 novembre 1602, qui épousa Philippe IV, roi d'Espagne, et Christine de France, née au Louvre en février 1606, qui devint duchesse de Savoie. — Henri IV avait voulu que ses trois enfants reçussent le baptême le même jour. La cérémonie s'accomplit le 14 septembre 1606, à quatre heures du soir. On avait fait apporter de la Sainte-Chapelle du château de Vincennes, où ils sont précieusement conservés, les fonts qui servaient alors pour le baptême des fils de nos rois : c'est un grand bassin de cuivre rouge couvert de plaques d'argent, avec des figures artistement travaillées, le tout fort ancien, car la confection en remonte à l'année 897.

Ces mêmes fonts ont été apportés à Notre-Dame, à Paris, le 2 mai 1841, pour la cérémonie du baptême du comte de Paris, petit-fils du roi Louis-Philippe.

(2) Monaldeschi fut enterré dans l'église du petit village d'Avon. (Voir page 68.)

A cette époque, la reine Christine occupait au bout de la Galerie des cerfs le petit appartement que Henri IV avait habité dans ses voyages à Fontainebleau, et où logèrent plus tard le prince de Condé et le duc de Bourbon, d'où cette cour reçut le nom de *Cour des Princes.*

La *Cour des Cuisines* prend son nom de la destination des trois corps de logis qui l'entourent : celui du milieu a pour décoration une fontaine à trois mascarons de bronze, d'où le nom de *Fontaine des trois visages*, qu'elle a reçu (1).

Les appartements. — La description détaillée de tous les appartements de cet immense château demanderait plus d'espace qu'il ne nous en est donné ; aussi faut-il nous borner à l'indication succincte des principales pièces, de celles surtout qui se recommandent par quelques faits historiques, par quelque œuvre ou par quelque souvenir des arts.

Suivons l'ordre dans lequel les préposés du château le font parcourir aux visiteurs.

C'est par l'escalier à droite, au milieu de l'*aile neuve* ou *aile de Louis XV*, dans la *Cour du Cheval blanc*, que la visite commence ordinairement.

On arrive d'abord à un appartement composé de sept pièces ; il fut occupé sous l'empire par la princesse Borghèse ; Louis-Philippe l'a fait décorer avec une rare élégance pour M. le duc et Mme la duchesse de Nemours. Au rez-de-chaussée un autre appartement également de sept pièces, avait été habité par la mère de l'empereur.

Un vaste corridor conduit à un appartement, autrefois l'*Appartement des reines*, d'où on aperçoit l'ancien jardin des *Pins*, aujourd'hui le jardin anglais, et le grand étang (2).

Après avoir traversé des pièces qui prennent jour sur le jardin anglais et que décorent des tapisseries des Gobelins, du temps de Louis XIV, on passe par deux cabinets pour arriver à une grande pièce remarquable par le bon goût et la richesse de sa décoration : c'était autrefois la chambre d'Anne d'Autriche.

C'est dans l'appartement dont cette chambre fait partie que fut logé Charles-Quint, en 1539 ; Charles IV, roi d'Espagne l'occupa durant quelques jours, en 1808, et en 1812 il devint

(1) Parmi les travaux que le roi Louis-Philippe a fait exécuter, un des plus remarquables est sans contredit le couloir souterrain qui part de la *Cour des cuisines*, et aboutit au *jardin de l'orangerie*, traversant dans toute leur longueur, et desservant la *Cour ovale* et la *Cour des Princes.*

(2) Voir, page 64, la description des jardins.

6.

pendant dix-huit mois la prison de Pie VII : ce pontife disait la messe dans la chambre d'Anne d'Autriche, sur un autel qu'on y avait transporté de la chapelle de Saint-Saturnin, et du haut du balcon du *Salon de l'angle*, il donnait sa bénédiction au peuple, agenouillé dans l'avenue Maintenon. Ces diverses pièces, au nombre de huit, forment aujourd'hui l'appartement de M. le duc et de Mme la duchesse d'Orléans. Il est orné d'un grand nombre de tableaux (1).

Sur *la Cour du Cheval blanc*, et au-dessus de la voûte qui conduit à *la Cour de la Fontaine*, règne une galerie, formée par Louis-Philippe, des débris des fresques d'Ambroise Dubois, qui décoraient jadis le plafond de la galerie de Diane.

Une ancienne tapisserie sortie, dit-on, des anciennes fabriques de Flandre, forme, avec le plafond à compartiments et à chiffres dorés, l'ornement de la pièce qui suit la chambre d'Anne d'Autriche, que nous avons traversée. La tapisserie, admirablement conservée, représente des scènes bachiques.

La *Salle de billard* est richement ornée ; dans une antichambre qui la suit, on remarque un beau plafond récemment construit, avec de riches ornements en relief, mais on apprend avec une pénible surprise que ce plafond est en carton-pierre ! Du carton-pierre dans le château de Fontainebleau !!!

La pièce qui suit se trouve au haut de l'escalier en fer-à-cheval dont elle est le vestibule ; on y remarque six portes couvertes de sculptures en bois d'un admirable travail ; trois de ces portes seulement sont anciennes, les trois autres sont une œuvre récente, où la même perfection se fait admirer. Ces portes donnent entrée : 1º dans la galerie des fresques; 2º dans l'appartement du duc d'Orléans, qu'on vient de quitter ; 3º dans la galerie de François Ier ; 4º dans l'escalier de la chapelle ; 5º dans la chapelle de la Sainte-Trinité ; 6º sur l'escalier du fer-à-cheval ; dans une frise en relief, on a sculpté les initiales des rois de France qui ont agrandi ou embelli ce château.

La chapelle de la Sainte-Trinité est une des curiosités de cette résidence ; fondée par saint Louis, elle fut reconstruite sous François Ier (2). Sa longueur est de 40 mètres sur 8 mètres de large, non compris les chapelles latérales. En

(1) Il existe un livret de tous les tableaux du palais de Fontainebleau ; mais les sujets et les noms des auteurs, indiqués sur les cadres, dispensent de se le procurer.

(2) On voit encore au fond de la nef une vieille arcade d'ordre dorique, reste de la construction primitive.

1608, Henri IV la fit magnifiquement décorer sur l'observation de l'ambassadeur d'Espagne, qu'*à Fontainebleau le roi était mieux logé que Dieu;* les peintures en grand nombre qui couvrent la voûte et les pendentifs, sont de Freminet. L'autel, d'une grande richesse, décoré de colonnes de marbres rares à chapiteaux dorés, surmonté de quatre anges en bronze, de Germain Pilon, et des armes de France et de Navarre, date de Louis XIII. Le tableau représentant une *Descente de croix* est de Jean Dubois. Dans des niches de chaque côté de l'autel sont placées les statues de saint Louis et de Charlemagne, aussi de Germain Pilon.

Cette chapelle, dont ce court aperçu ne peut donner qu'une idée imparfaite, sera fort curieuse quand une restauration indispensable en aura fait revivre les peintures et les dorures presque effacées par le temps (1).

Entrons maintenant dans la *Galerie de François* Ier, construite par ce prince pour communiquer entre la cour du Cheval blanc, et l'ancien pavillon de saint Louis. Dans l'origine elle prenait jour sur la cour de la Fontaine et sur le jardin; mais Louis XV ayant fait construire les petits appartements du côté du jardin, elle n'est éclairée depuis lors que sur la cour. Henri IV avait fait bâtir la terrasse extérieure (que Napoléon fit reconstruire), pour jouir de la vue du grand étang, du jardin *des Pins*, et des bouquets d'arbres qui bornent l'horizon au sommet du coteau.

Cette galerie, dont le plafond à compartiments bleus et blancs, dont les murs couverts de chiffres, d'armoiries, de salamandres, sont ornés de peintures jadis fraîches et brillantes, et de sculptures du Rosso et du Primatice, offrait une décoration aussi élégante que riche, bien digne du souverain dont on y voit l'image en marbre. Aujourd'hui, sous les dégradations du temps c'est à peine si on peut distinguer les sujets allégoriques des douze principaux tableaux (2).

Le *cabinet* de porcelaines de Sèvres, placé au bout de la

(1) Cette chapelle a vu célébrer le baptême du fils du dauphin Henri II, qui fut François II après la mort de son père (1543), celui d'Elisabeth sa sœur (1545), qu'on surnomma *Elisabeth de la paix,* lors de sa malheureuse union avec Philippe II, roi d'Espagne.
C'est aussi dans cette chapelle qu'ont été célébrés les mariages de Marie-Louise d'Orléans, reine d'Espagne; d'Elisabeth-Charlotte d'Orléans, fille de Monsieur, frère de Louis XIV, avec Léopold, duc de Lorraine; du roi Louis XV avec Marie Leczinska; de Jérôme Bonaparte avec la princesse Catherine de Wurtemberg, et, en 1837, celui du duc d'Orléans avec la princesse Hélène de Mecklembourg.

(2) La restauration de cette galerie est, dit-on, dans les projets du roi Louis-Philippe.

salle sous le buste de François Ier, est un don du roi Louis-Philippe; il représente les cérémonies et les fêtes du mariage du duc d'Orléans (1837).

Là, où se trouve une chétive cheminée moderne, il y avait autrefois une pièce, où François Ier renfermait son argenterie, ses pierres précieuses et ses bijoux; son chiffre y est resté, ainsi que son portrait peint par Jean de Boulogne.

L'escalier neuf qui se trouve vers le côté gauche de cette galerie a été construit par Louis-Philippe; les boiseries imitent les sculptures de l'escalier du Fer-à-Cheval.

La *bibliothèque*, qu'avait fondée le roi chevalier, était au-dessus de la galerie; cette bibliothèque a été convertie en petits appartements depuis le transport des livres au Louvre.

Petits Appartements. — A l'extrémité de la galerie de François Ier, on entre par le palier de l'escalier de la chapelle (1) dans les petits appartements, commencés sous Louis XV, achevés sous Louis XVI, et qui ont doublé, du côté du jardin, la *Galerie de François Ier*. Napoléon avait fait de ces petits appartements son habitation particulière; ils sont aujourd'hui occupés par le roi Louis-Philippe.

Nous ne nous arrêterons que dans les principales pièces.

Une pendule très compliquée, qui date de l'empire, et une belle carte de la forêt, qui remonte à la même époque, sont les seuls ornements de la première pièce.

Dans celle qui suit se trouvait naguère un tableau de Clément Boulanger, qui représente le baptême du Dauphin, fils d'Henri IV, depuis Louis XIII (Voir page 52). Il a été sans doute transporté à Versailles; une tapisserie des Gobelins le remplace.

Traversons rapidement la troisième pièce pour nous arrêter dans la quatrième, où se trouve le petit guéridon sur lequel Napoléon signa, le 5 avril 1814, l'acte de son abdication. Une inscription rappelle ce grand événement; sur une console on conserve sous verre le *fac-simile* de cet acte (2).

La cinquième pièce est aujourd'hui le *Cabinet de travail du roi*; c'était sous l'empire le cabinet de Napoléon; c'est dans ce

---

(1) La belle grille qu'on aperçoit au bas de cet escalier a été faite sous Louis XIV; elle conduit au *jardin du Roi*.

(2) En voici le texte: « Les puissances alliées ayant proclamé que l'empe-
« reur Napoléon était le seul obstacle au rétablissement de la paix en Eu-
« rope, l'empereur, fidèle à son serment, déclare qu'il renonce, pour lui et
« ses successeurs, au trône de France et d'Italie, et qu'il n'est aucun sacri-
« fice personnel, même celui de la vie, qu'il ne soit prêt à faire aux intérêts
« de la France. »

cabinet qu'il a signé son abdication ; le plafond de cette pièce représente : *la Force imposant sa volonté à la Justice* (1).

La *Chambre à coucher* fait suite à la chambre de l'abdication ; on se trouve en la quittant dans une vaste salle, qui a été, sous Henri IV, *le Cabinet du roi* ; Biron en sortait quand il fut arrêté. Napoléon en avait fait la salle du conseil ; aujourd'hui c'est un *Salon de famille*.

Les peintures sont de Boucher, premier peintre de Louis XV; elles représentent allégoriquement les attributs des rois et des héros.

Louis XVI avait fait ajouter le cul-de-lampe sur le jardin. Le plafond est orné des armes de France, et sur les lambris on remarque deux emblèmes, l'un sous la figure d'un arbre avec cette devise : **Dilat et ornat**, l'autre sous la figure de la terre éclairée par le soleil, avec ces mots : *Splendor ab hospite*.

De ce *Salon de famille* on passe dans la *Salle du trône*, qui était autrefois la *Grande chambre du roi*. On croit que sa construction est due à Charles IX, comme l'indiquait le *K* qui était, selon l'orthographe du temps, l'initiale de son nom. Louis XIII et son successeur renouvelèrent et embellirent cette pièce. La grandeur et la splendeur de Louis XIV s'y montrent depuis le plafond jusqu'au moindre cartouche ; tout y est couvert d'or. Le trône et ses riches draperies ainsi que l'ameublement, d'une rare magnificence, ne datent que du temps de l'empire ; un portrait en pied de Louis XIII, par Philippe de Champagne, décore la vaste cheminée de cette salle qui servait pour les solennités et les réceptions d'ambassadeurs.

Après la *Salle du trône* se trouve l'appartement dit *de la reine* ; la première des pièces qui le composent est un riche cabinet, qu'on nommait autrefois le *Cabinet des empereurs*, parce que Charles IX y avait fait représenter les douze Césars à cheval. Quand l'architecte Rousseau prépara les petits appartements par ordre de Marie-Antoinette, le cabinet des empereurs fit place au cabinet actuel, et à un *boudoir turc* au-dessus dont la décoration était tout orientale. Le plafond de ce cabinet, fait sous Louis XVI, est dû au pinceau de Barthélemy, et les espagnolettes des croisées sont l'œuvre de l'infortuné monarque dont l'histoire a consacré le goût et le talent pour les ouvrages de serrurerie. Le chiffre de Marie-Antoinette se trouve au milieu du parquet qui est en acajou massif.

(1) De ce cabinet un escalier descend au rez-de-chaussée, à la bibliothèque particulière du roi ; ce fut celle de Napoléon : il y passait une grande partie de ses journées, et même il y couchait quelquefois sur un petit lit de fer.

La *Chambre de la Reine* touche à ce cabinet. Elle a été habitée par Marie de Médicis, Marie-Thérèse, Marie-Antoinette et Marie-Louise; elle l'est aujourd'hui par Marie-Amélie. La décoration de cette pièce remonte au règne de Louis XIII, et sa magnificence rappelle la richesse de la salle du trône. Les meubles sont du temps de Louis XVI. Napoléon les fit racheter et remettre à leur place; il y ajouta la balustrade dorée qui est devant le lit. Le plafond mérite surtout d'être remarqué. Deux salons suivent immédiatement la *Chambre de la Reine*; le premier était, sous Marie-Antoinette, le *Salon de jeu de la Reine* : c'est aujourd'hui un *Salon de musique*; le plafond, qui est de Barthélemy, date de 1786, et représente *Minerve, protectrice des arts*. Les dessus de porte sont de Sauvage. On remarque dans cette pièce un beau guéridon en porcelaine de Sèvres.

Le second salon, qu'Ambroise Dubois avait décoré de peintures, ayant pour sujets les *Amours de Tancrède et de Clorinde*, portait jadis le nom de *Salon de Clorinde*. Paul Bril l'avait orné de paysages; mais, tout ayant disparu, Louis-Philippe en a refait un salon d'une élégante simplicité.

Voici maintenant la *Galerie de Diane*, à laquelle on arrive par huit marches.

C'est Henri IV qui fit construire cette galerie pour satisfaire Gabrielle d'Estrées, dont la jalousie s'irritait de l'hommage que Henri II avait rendu à Diane de Poitiers par la galerie qu'il lui avait consacrée (1).

Henri IV chargea Ambroise Dubois de peindre à fresque les divinités de l'Olympe, et Diane surtout. Gabrielle mourut, et Diane fut représentée sous les traits de Marie de Médicis.

Napoléon avait eu la pensée de faire reconstruire cette galerie, et en avait fait commencer les travaux. Louis XVIII en a complété la restauration, ainsi que le constate le millésime placé sur les cinq portes. C'est à MM. Blondel et Abel de Pujol que furent confiées les nombreuses peintures qui ornent la voûte : elles représentent principalement l'histoire de la déesse; des banquettes provisoires attendent le meuble riche et élégant qui doit compléter la décoration de cette galerie (2).

Quatre colonnes en stuc forment, au bout de la galerie, une division appelée *Salon de Diane*; les peintures sont aussi de

(1) C'est la galerie de Henri II où nous arriverons bientôt.
(2) Lorsque Louis XIV enfant venait à Fontainebleau, il avait coutume de se mesurer le long du mur de la galerie, à côté de la première croisée.

M. Blondel, toujours sur des sujets tirés de l'histoire de cette divinité. Un beau vase Médicis en porcelaine occupe le milieu de cette pièce.

Après avoir parcouru la Galerie de Diane et laissé à gauche l'Escalier de la déesse et les appartements des jeunes princes, où descendit la princesse Hélène, lors de son arrivée en 1837 pour son mariage, on entre dans l'*Antichambre de la Reine*, qui est décorée de tapisseries des Gobelins, représentant, d'après les tableaux d'Antoine Coypel, quelques épisodes de l'histoire de Don Quichotte.

Le salon que l'on trouve en quittant cette antichambre s'appelle le *Salon des tapisseries* : il doit ce nom aux tapisseries des anciennes manufactures de Flandre qui en décorent les murs.

Sur la cheminée se fait admirer une magnifique tapisserie des Gobelins, d'après le tableau de Gros, qui est au Musée du Louvre, et qui représente *François Ier et Charles-Quint visitant l'église de Saint-Denis* (1540). Le plafond, en marqueterie, est d'une construction récente.

Le *Salon de François Ier* vient immédiatement après ; on y admire une cheminée décorée des armes et des salamandres du monarque, et au-dessus de laquelle est placé un médaillon, où les *Amours de Mars et de Vénus* ont été peints par le Primatice, et un bas-relief en stuc, représentant *un Sacrifice aux dieux*, d'après l'antique. Cette belle cheminée, restaurée en 1837, a été décorée de riches porcelaines de Sèvres. Le plafond est aussi beau et du même style que celui du salon précédent.

Les murs sont couverts de tentures des Gobelins, représentant des sujets de l'Histoire de France.

Le *Salon ovale*, où nous arrivons à présent, a reçu ce nom de la forme que lui avait donnée François Ier pour le mettre en harmonie avec la *Cour ovale*, sur laquelle ses quatre croisées prennent jour.

Louis XIII naquit dans cette pièce le 27 septembre 1601. Le lit de Marie de Médicis était placé entre la porte de la chambre de saint Louis et la porte de la chambre du roi (1), à l'endroit où l'on voit aujourd'hui un petit paysage de Paul Bril, qui a juste la grandeur du premier miroir que la république de Venise avait offert à François Ier. Au-dessus de ce tableau se trouve le portrait de *Louis XIII enfant*, par Ambroise Dubois.

Henri IV, heureux du fils qui lui était né, voulut faire son

---

(1) Une petite porte, à côté de la place où accoucha Marie de Médicis, conduisait à l'antichambre où fut arrêté le maréchal de Biron.

Grand cabinet de la chambre où le Dauphin avait vu le jour. Par ses ordres, Paul Bril couvrit les lambris de paysages, de fleurs, de dauphins, d'arabesques, de chiffres, parmi lesquels brille l'M de Marie de Médicis et surtout l'S entrecoupé d'un trait, que Henri mettait à la tête de toutes ses lettres et à côté de sa signature, par une allusion, qui doit nous paraître tant soit peu forcée, à Gabrielle d'Estrées (*Des traits*). Le roi Louis-Philippe a redonné l'éclat et la vie à tous ces ornements, et, si ce n'était le surexhaussement des quatre portes opéré sous Louis XV au grand détriment des tableaux d'Ambroise Dubois qui les décorent, cette pièce serait fort belle.

La cheminée, qui était en bois, a été remplacée par une cheminée toute pareille, mais en marbre. Le parquet porte la trace d'un méridien fait par Louis XVI; le plafond est orné de chiffres et de plusieurs tableaux représentant des vues du château; les principaux faits de l'histoire de *Théagène* et de *Chariclée* ont été représentés en onze tableaux, par Ambroise Dubois (1).

Ancienne Chambre de saint Louis. Voici la partie la plus ancienne du palais. La pièce où nous sommes a conservé le nom de saint Louis, comme tout le pavillon, quoique François 1er l'ait fait reconstruire en grande partie : c'est dans cette chambre que le saint roi, se croyant près de mourir, adressa à son fils ces sublimes exhortations que Bossuet admirait à si juste titre (2). Saint Louis conservait ses bijoux dans un cabinet auquel conduisait l'escalier de la tourelle récemment refait.

Des tableaux, tirés de l'Iliade d'Homère et peints à fresque par Nicolas Dell' Abbate, ornaient jadis cette pièce; on les a remplacés par des tableaux presque tous tirés de l'histoire amoureuse et anecdotique d'Henri IV. D'autres tableaux de Nicolas Loir ont pour sujets des figures allégoriques; un superbe plafond à compartiments bleu et or, fait par les ordres de Louis-Philippe, et une statue équestre d'Henri IV, en marbre blanc, due au ciseau de Jacquet, artiste contemporain du monar-

---

(1) *Théagène et Chariclée* est un roman grec d'Héliodore, évêque de Tricca en Thessalie, écrit dans le cinquième siècle, et que notre Amyot traduisit en français et dédia à François 1er. — Dans l'origine, Ambroise Dubois avait fait quinze tableaux; mais, lors du surexhaussement des portes dont nous avons parlé, il fallut en enlever *quatre*. On en a placé *trois* dans une des salles du pavillon de saint Louis.

(2) « Biau filtz, fist-il, je te pri que tu te faces amer au peuple de ton « royaume; car vraiement je ameraie mieux que un escot venist d'Escosse et « gouvernast le peuple du royaume bien et loialement, que tu le gouvernasse « mal à poinct et à reprouche. » (*Joinville.*)

que (1), complètent la décoration de la *Chambre de saint Louis*.

La salle où nous entrons était l'*ancienne salle du Buffet*; ce nom lui venait de ce qu'on y dressait ordinairement le buffet du roi. Henri IV en avait fait sa salle à manger. Parmi les peintures qui la décorent se trouvent *trois* des tableaux de Théagène et Chariclée, enlevés de la *Salle ovale* (*voir* la note 1, page 60), et un tableau de l'histoire de Tancrède et de Clorinde, qui avait orné jadis le cabinet dit de *Clorinde* (*voir* page 58).

La *Salle des Gardes* suit ces deux pièces. Le plafond à solives visibles porte les chiffres de Louis XIII et d'Anne d'Autriche, en témoignage de l'époque de sa construction. Le parquet, qui répond au plafond, est également remarquable. Les murs sont ornés d'armures et attributs de guerre peints à l'huile sur plâtre, et la tenture est une curieuse et exacte imitation des tapisseries de cuirs de Venise. Les portraits, les initiales, les armes et les emblèmes des rois et reines de France depuis François Ier ornent les divers panneaux ; enfin une riche cheminée, à chaque côté de laquelle sont les statues de *la Force* et de *la Paix*, par Francarville, complète la décoration.

La *Salle de Spectacle*, qui fait suite à la pièce précédente, était avant, sous Louis XIV, une des plus vastes du château ; on y donnait des représentations sur un théâtre improvisé (2), elle se nommait alors *la Salle de la belle cheminée* (3). L'influence de madame de Pompadour, qui aimait à jouer la comédie, poussa Louis XV à changer cette salle en une salle de spectacle, basse, étroite et sans dégagement.

Au plafond du vestibule qui la précède, le roi Louis-Philippe a fait placer un tableau dont le sujet est *Louis XV couronné par les arts*; on y voit aussi le portrait de Diane de Poitiers en costume plus que léger.

L'*Escalier du Roi* se trouve en revenant par *la Salle des gardes*, après avoir traversé une petite coupole richement décorée. Cet escalier a été construit sur l'emplacement de *la Chambre d'Alexandre*, ainsi nommée des peintures à fresque du Rosso, qui représentaient les principaux traits de la vie d'Alexandre. La duchesse d'Etampes l'avait occupée. Les sculp-

---

(1) Cette statue avait servi à la décoration de la *Salle de la belle cheminée*.

(2) Racine y assista plusieurs fois, invité par le roi, à la représentation de ses chefs-d'œuvre. — En 1752, dans cette salle, convertie par Louis XV en salle de spectacle, J.-J. Rousseau vit la première représentation de son *Devin du Village*; et en 1765, la première représentation de *Tancrède* y fut donnée en présence de Voltaire, devant le roi de Danemarck Christian VII.

(3) Diverses parties de cette cheminée ont été employées à la construction de celle qui décore actuellement la *salle des Gardes*.

tures en stuc, que la reine Marie Leckzinska fit voiler de ceintures de plâtre, sont du Primatice; les fresques, du Rosso, ont été restaurées par Abel de Pujol, qui a décoré de l'apothéose d'Alexandre le nouveau plafond édifié à la place de l'ancien qui était détruit.

En quittant l'escalier du roi, on se trouve dans *l'appartement de madame de Maintenon*, composé des cinq pièces qu'elle avait occupées sous le grand roi, et qui viennent d'être restaurées et meublées avec une riche élégance.

Le grand cabinet doré rappelle un célèbre fait historique. C'est là que fut accepté par Louis XIV, en 1700, le testament de Charles II, qui appelait au trône d'Espagne le petit-fils du roi, qui fut depuis Philippe V; acceptation d'où naquit la longue guerre dite de la succession.

Nous voici maintenant à *la Galerie de Henri II*, la plus belle pièce du château; c'était jadis *la Salle de Bal* ou *des Fêtes*. Cette galerie est éclairée par dix fenêtres, cinq du côté du jardin et cinq sur la Cour ovale; les embrasures de ces croisées en forme d'arcades ont huit pieds de profondeur, les espaces entre les croisées sont remplis par des tableaux allégoriques, composés par le Primatice et exécutés à fresque, sous sa direction, par Nicolo Dell' Abbate son élève; des cartouches portent les chiffres de Henri II et de Diane de Poitiers; toutes les peintures restaurées par Alaux en 1834 et 1835, revivent comme aux premières années de leur création; la menuiserie sculptée et dorée, le plafond à cartouches octogones, où brillent le croissant de Diane et le chiffre de Henri II; le parquet, vrai chef-d'œuvre, ont été rétablis en même temps que les peintures, et une belle cheminée de marbre et de bronze se fait admirer à une des extrémités. C'est dans cette magnifique salle qu'a été célébré, en 1837, le mariage civil du duc d'Orléans.

En sortant de cette galerie, on visite *la Bibliothèque*(1); c'était autrefois *la Chapelle haute*, chef-d'œuvre d'architecture que François Ier avait fait construire par Serlio, au-dessus de la chapelle de Saint-Saturnin, ainsi que l'indiquent deux médaillons. La tribune, soutenue par deux colonnes de marbre gris, fut établie sous Henri II; elle était destinée à la musique. Ce prince fit décorer le plafond, et ce n'est pas sans surprise qu'on trouve, mêlé aux emblèmes sacrés, son chiffre entrelacé avec le croissant de Diane. La transformation de cette *chapelle* en *bibliothèque* date de 1807; peu de jours après sa nomination aux fonctions de bibliothécaire de l'empereur, le

---

(1) Elle n'est visible que pour les personnes munies d'une permission spéciale.

savant M. Barbier, auteur du *Dictionnaire des ouvrages anonymes et pseudonymes*, reçut ordre de faire transporter à Fontainebleau plus de vingt mille volumes de la bibliothèque du conseil d'état ; des livres furent choisis dans d'autres collections, et ils formèrent *la bibliothèque* de Fontainebleau que l'on plaça dans la chapelle haute. Depuis 1830 cette bibliothèque a été enrichie de tout ce qui a paru en importantes et belles publications.

A côté de la bibliothèque se trouve l'ancien *Pavillon des Dauphins*, qui n'a d'intéressant que le souvenir de son origine. Henri IV le fit construire pour loger le dauphin son fils, qui fut Louis XIII.

REZ-DE-CHAUSSÉE — *Chapelle de Saint-Saturnin.* Cette chapelle, la plus ancienne du palais, construite sous Louis VII, fut consacrée par Thomas Becket ; rebâtie par François Ier, elle fut décorée par Louis XIII dont on voit le chiffre, avec les armes de France et de Navarre, au-dessus de la tribune royale que Louis-Philippe a fait construire en restaurant la chapelle. Les brillants vitraux exécutés sur les dessins de la princesse Marie, dont les arts déplorent la perte prématurée, sont le plus bel ornement de cette chapelle (1) ; l'autel porte une inscription rappelant que c'est celui sur lequel le pape Pie VII a dit la messe depuis le 20 juin 1812 jusqu'au 20 janvier 1814. Cet autel avait été transporté dans une des pièces de l'appartement occupé par le pontife.

Les deux clochetons au-dessus de la chapelle renfermaient jadis des figures colossales dépendantes d'une horloge compliquée qui passait alors pour un chef-d'œuvre

La vaste salle après la chapelle de Saint-Saturnin est la *Galerie Louis-Philippe*; ce prince l'a fait construire sous la galerie Henri II, dont elle a les dimensions. C'est une salle d'attente pour les jours de réception ; les portes sont d'un curieux travail et la décoration dans son ensemble paraît fort riche quoique toute en carton-pierre. Cette pièce sert de salle à manger particulière.

La cérémonie protestante du mariage de madame la duchesse d'Orléans y a été célébrée en 1837.

Voici la *Porte dorée;* c'est une des plus singulières construc-

(1) La partie supérieure des vitraux porte les inscriptions suivantes :
1° « Louis VII a bâti cette chapelle en 1169 ; elle a été consacrée par saint Thomas Becket, archevêque de Cantorbery ; »
2° « François Ier a rebâti cette chapelle en 1544 ; »
3° « Louis-Philippe Ier l'a restaurée en 1834 ; »
4° Ce vitrail a été fait sur les dessins de S. A. R. la princesse Marie, fille du roi, en 1836. »

tions du château; élevée sous François Ier, et décorée par le Primatice et par le Rosso, elle sert de communication de la Cour ovale à la chaussée, qu'on appelle de *Maintenon*. Les *dorures* de ce passage ont fait donner à cette porte le nom qu'elle a toujours eu, de *Porte dorée*. Les peintures, complétement dégradées, ont été merveilleusement restaurées en 1835 par M. Picot.

C'est par la *Porte dorée* que Charles-Quint fit son entrée au château en 1539; et après la mort de François Ier, la duchesse d'Etampes s'enfuit par cette porte pour échapper à la colère de Diane de Poitiers.

Avant d'arriver au *Vestibule de saint Louis* on traverse une petite antichambre récemment décorée des anciennes boiseries de la galerie d'Henri II.

Le *Vestibule de saint Louis*, situé dans la plus ancienne partie du château, au rez-de-chaussée du pavillon de saint Louis, a été remis à neuf par le roi Louis-Philippe, qui lui a conservé son ancienne physionomie; il est décoré des statues des rois dont le souvenir se lie plus particulièrement au château de Fontainebleau; à savoir: Louis VII, saint Louis, Philippe-Auguste, Philippe-le-Bel, François Ier et Henri IV.

Un charmant appartement du côté du jardin du roi, maintenant destiné à la princesse Clémentine, avait été occupé sous l'empire par l'impératrice Marie-Louise; on y voit encore son lit.

Le long des anciennes étuves établies primitivement sous la galerie de François Ier avait été bâti par Louis XV, en même temps que les premiers appartements du premier étage, un appartement que Napoléon occupa, et auquel il arrivait par un petit escalier qui conduisait à sa bibliothèque particulière.

Cette bibliothèque a été conservée, ainsi que la petite chambre de l'empereur avec les meubles qui la décoraient.

Cet appartement est maintenant celui de madame la princesse Adélaïde.

En sortant de cet appartement on traverse le vestibule de la chapelle de la Sainte-Trinité, et on se retrouve dans la cour du Cheval blanc.

Ainsi, on a parcouru, sans revenir sur ses pas, toutes les parties du plus magnifique et du plus curieux château royal de France, du plus riche surtout en souvenirs historiques.

LES JARDINS ET LE PARC. — Après l'intérieur du château, les *jardins* et le *parc* ne peuvent être passés sous silence. Leur étendue, leur magnifique ordonnance, la perfection de leur entretien, la diversité de leur genre, charment et étonnent à bon droit les visiteurs.

Le *Jardin anglais* ou *pittoresque* s'étend et se développe le long de la façade extérieure de *l'aile neuve* ou de *Louis XV*, qu'on a vu former un des côtés de la *Cour du Cheval blanc*. Ce jardin, abandonné pendant la révolution, fut rétabli sous l'empire et dessiné tel qu'on le voit aujourd'hui ; les accidents de terrain, les sinuosités de la rivière, les massifs d'arbres, les tapis de verdure, tout a été disposé avec un art qui se cache sous des aspects si vrais, si naturels, que nulle part la main de l'homme ne s'y laisse deviner ; et si ce n'étaient les nombreuses statues qu'on y rencontre à chaque pas, le promeneur ne pourrait croire que la nature seule a fait tous les frais de ce lieu ravissant ; à notre avis le Petit Trianon de Versailles peut seul être comparé à ce jardin anglais.

Le vaste édifice qu'on aperçoit au midi était un manége, quand, ainsi que nous l'avons rappelé, l'École militaire de Saint-Cyr occupait *l'aile droite* de la Cour du Cheval blanc.

Un peu plus loin et au bout de l'avenue *Maintenon*, les bâtiments qui entourent une vaste cour sont les remises et les écuries du château, et le logement du nombreux personnel qu'exigent les chevaux et les voitures. Ces écuries s'appellent *le Carrousel*.

Le *Parterre*, dessiné par *Le Nôtre*, n'est pas moins remarquable ; vu de la terrasse qui l'environne, on admire l'élégance du dessin, les larges et ombreuses allées de tilleuls qui l'entourent, les vastes bassins alimentés par les eaux de l'étang, les milliers de fleurs dont les plates-bandes sont toujours diaprées (1).

Un autre jardin, le *Jardin du roi*, ou *jardin particulier*, est situé au-dessous des appartements royaux (2) ; il est beaucoup plus étendu qu'il n'était autrefois, ayant été agrandi depuis quelques années de tout l'emplacement qu'occupaient l'ancien couvent des Mathurins et le bâtiment de la chancellerie ; ce jardin porte aussi le nom de *jardin de l'Orangerie*, à cause d'un vaste édifice que l'on y voyait jadis, et dans lequel on enfermait pendant l'hiver les orangers et les arbustes précieux (3).

(1) Vers l'extrémité du *Parterre*, tout près du *Parc*, en dehors de l'enceinte du Palais, se trouve encore, mais nu et en ruine, le *pavillon de Sully* ; il communiquait autrefois avec le château par une terrasse soutenue de longues arcades dont on voit les restes.

(2) Napoléon fit planter des *pins* dans ce jardin pour rappeler à Marie-Louise la physionomie des forêts de l'Allemagne.

(3) On enferme à présent les orangers dans le manége.

7.

L'*Etang* est une belle et grande pièce d'eau, de forme à peu près triangulaire, et revêtue dans tout son pourtour de pierres de grès ; deux de ses côtés, celui qui fait face au jardin et celui du *chenil*, ont une longueur d'environ 300 mètres, et le côté de la chaussée un peu plus de 200.

Cet étang provient des religieux de la Sainte-Trinité, auxquels il avait convenu à François Ier de prendre, pour agrandir les bâtiments et jardins de Fontainebleau, diverses maisons, prés, clos, étangs, viviers et jardins, suivant que le déclarent des lettres-patentes de décembre 1529, qui accordent auxdits religieux, à titre de dédommagement, une rente annuelle de 200 livres tournois.

L'étendue de ces jardins, étangs et viviers n'étant point indiquée dans cet acte, on ne sait si l'*étang* actuel est tel qu'il fut acquis par le roi, ou si ce monarque, qui a tant agrandi et embelli sa résidence de prédilection, n'a pas donné à cette magnifique pièce d'eau la vaste étendue que nous lui voyons ; c'est ce prince qui fit construire au milieu de l'étang « pour prendre le frais l'été et se récréer gentiment au milieu des eaux » le pavillon qui existe encore, quoique ce ne soit plus absolument celui d'autrefois. Le vulgaire avait donné le nom sérieux de *cabinet du roi*, à ce lieu, uniquement destiné à de *joyeux esbattements*, prétendant que Catherine de Médicis y tenait ses conseils secrets, et plus tard que le cardinal de Richelieu y venait méditer sur ses déterminations politiques.

Quoi qu'il en soit de la destination de ce pavillon, sa forme octogone, les pilastres doriques qui le décorent, et les eaux qui l'entourent, concourent à donner la plus gracieuse physionomie à cet élégant édifice. L'*étang* est peuplé d'un nombre infini de poissons, et surtout de carpes auxquelles on attribue une longévité fabuleuse, car on fait remonter l'âge de quelques-unes jusqu'au règne de François Ier.

On dit qu'en 1594 Henri IV avait fait établir auprès de l'étang, sur un massif de grès, un joli jardin divisé en plusieurs carrés de parterres, au milieu desquels était placée sur un piédestal une statue d'*Hercule*, de Michel-Ange (1) ; ce jardin, qui s'appelait *jardin de l'Étang*, à cause de sa situation, fut détruit en 1718.

Le Parc. — C'est sans nul doute un des plus beaux parcs connus. Son immense étendue, la longueur de ses allées, la

---

(1) Cette belle statue avait été offerte à Henri II par un sieur della Palle, gentilhomme florentin.

luxuriante beauté des arbres, les chemins ombragés qui s'y croisent en tous sens, les eaux qui tombent des cascades et le magnifique canal qui le parcourt dans toute sa longueur, se réunissent pour en faire une des plus belles promenades qui se puisse voir.

La longueur du canal est de 1,000 à 1,200 mètres, et sa largeur de 40. Il est alimenté par les eaux qui tombent des cascades.

Ne négligeons pas de visiter la curieuse *Treille du roi*, immense espalier de plus de 1,600 mètres de développement ; le raisin qui en provient, résultat d'une culture aussi intelligente que soignée, autant que d'une merveilleuse exposition, est d'une beauté et d'une saveur qui le placent au-dessus des autres *chasselas* du pays, toutefois après ceux de *Thomery*, les premiers de tous, sans contredit.

La renommée du *chasselas* de Fontainebleau est tellement répandue, qu'on sera peut-être bien aise de trouver ici l'origine de ce célèbre raisin.

En juin 1531, le roi François Ier qui voulait former un clos de vignes à Fontainebleau, et qui avait entendu parler de la beauté et de la saveur des raisins de Cahors, et sans doute aussi de l'aptitude des vignerons de ce pays pour leur culture, écrivit plusieurs lettres au sénéchal de cette ville, demandant qu'il lui fût envoyé un vigneron pour diriger l'établissement qu'il voulait former. Les consuls ayant réuni les principaux vignerons arrêtèrent que le sieur Jean Rival, dit Prince(1), l'un d'entre eux, se rendrait auprès du roi. Un envoyé du monarque fut occupé pendant deux ans à rassembler un grand nombre de plants, qui furent portés à Fontainebleau par le délégué de Sa Majesté, accompagné de Rival qui était de retour, mais qui voulut faire un second voyage pour conduire ces plants, que transportaient trente mulets. Le délégué emmena aussi vingt barriques de vin pour le roi (2).

De ces plants sont probablement provenus tous les ceps de Fontainebleau et des environs, et, le terrain favorable aidant, ainsi que la bonne culture, le raisin a acquis les qualités qui le font rechercher sur toutes les tables, et qu'il ne possédait peut-être pas au même degré, il y a trois siècles.

On ne voit dans le parc de Fontainebleau aucune construction, si ce n'est la maison du jardinier en chef ; mais vers le sud il existe encore un vaste bâtiment qu'on nommait jadis les

---

(1) Il existe encore à Cahors plusieurs familles de cultivateurs de ce nom.
(2) Tiré des archives de la ville de Cahors.

Héronières; c'était là qu'on élevait les faucons-héroniers, c'est-à-dire les faucons destinés à la chasse du héron. Les écuries du roi occupent aujourd'hui cet édifice.

LE VILLAGE D'AVON. — Au bout du parc et en dehors du mur d'enceinte se trouve le village d'Avon ; c'est une petite commune qui n'a de remarquable que son église, sous l'invocation de *saint Pierre*, et dont la fondation remonte au dixième siècle. Nous avons déjà vu que cette église fut jusqu'au règne de Louis XIII l'église paroissiale du bourg et du château de Fontainebleau.

On montre aux visiteurs une tombe en pierre, sur laquelle sont gravés un portrait d'homme et un portrait de femme, et l'inscription suivante en lettres gothiques : « *Icy gist le kœur de notre sire le roy de France et de Navarre et le kœur de madame Jehanne reine de France et de Navarre qui trépassa l'an de grâce M.C.C.C.I.V.*, *lendemain de la saint Éloi d'yver, mois de décembre. Priez pour ly.*

Évidemment cette tombe n'a pu renfermer le cœur de Philippe-le-Bel et le cœur de la reine sa femme. Une seule date, le 2 décembre 1304, est assignée à leur mort, tandis que Philippe-le-Bel ne mourut qu'en 1314, et que la mort de la reine Jeanne de Navarre était survenue à la date du 2 *avril* 1304.

Il paraît certain d'ailleurs que le cœur de ce monarque fut déposé dans l'église de Saint-Dominique, à Poissy, dont il avait été le fondateur, car en 1687, lors des réparations du chœur de cette église, on trouva une urne d'étain dans laquelle étaient, enveloppés d'une étoffe rouge et or, deux petits plats d'argent, et, sur une lame de plomb, cette inscription :

CY DEDEN EST LE CUER DU ROY PHILIPE, QUI FVNDA CESTE EGLISE, QUI TRESPASSA A FONTAINEBLEAU LA VEILLE DE SAINT-ANDRÉ MCCCXIV.

Comme on le voit, il est difficile de concilier les deux inscriptions et de faire concorder le double fait qu'elles constatent.

Monaldeschi, assassiné à Fontainebleau par les ordres de Christine de Suède, fut enterré dans l'église d'Avon, près du bénitier, ainsi que l'indiquent ces mots inscrits sur une pierre : *Ci git Monaldelxi ;* la même église contient aussi les sépultures du mathématicien Bezout et du naturaliste Daubenton.

Le petit séminaire du diocèse est à Avon.

LES PRESSOIRS DU ROI. — A une lieue environ du château,

sur les bords de la Seine, du côté de la Brie, se trouvaient les *pressoirs du roi;* c'était un vaste bâtiment orné des chiffres et des devises de François Ier, qui l'avait fait bâtir pour y placer deux *pressoirs* et deux cuves. Voici l'origine de cette construction.

François Ier poursuivait un cerf qui traversa la rivière en cet endroit; le roi la passa après lui; arrivé sur l'autre bord et souffrant d'une soif ardente, il envoya chercher du vin dans un prochain logis, et le trouva si bon (c'était pourtant du vin de Brie) qu'il acheta 50 arpents de terre dans ce canton. Il les fit planter en vignes qu'on apporta des meilleurs crûs de France et de l'étranger, et fit construire pour en récolter les produits les bâtiments et les cuves qui furent appelés *les Pressoirs du roi.* Le lit de Gabrielle d'Estrées a été conservé pendant longtemps dans cette maison.

Les Pressoirs du roi n'existent plus; mais sur leur emplacement le propriétaire actuel a fait édifier un moulin d'une construction curieuse et dont la roue, aussi solide que légère, a 80 pieds de diamètre.

LA FORÊT (1).

Nous avons déjà vu que la forêt de Fontainebleau entoure la ville de tous les côtés, et que dans les temps anciens, et encore sous François Ier, elle s'appelait *forêt de Bière, Sylva Biera.* (Voir page 47.)

---

(1) Les *vipères* aujourd'hui sont les seuls animaux nuisibles que l'on rencontre dans la forêt; mais comme elles y sont nombreuses, nous conseillons aux promeneurs de se munir d'un flacon d'*alcali*, comme remède à appliquer sur-le-champ en cas de morsure; du reste, les vipères ne sont à craindre que quand on les attaque, ou que, par inadvertance on leur marche dessus.

Autrefois, s'il faut en croire l'historien du Gâtinais, ce n'étaient pas seulement des vipères que l'on pouvait rencontrer; car voici ce qu'il raconte :

« En la forest de Fontainebleau, soubs le règne de François Ier, estait un « prodigieux serpent de dix-huit pieds de longueur, qui se cachait dans les « roches, qui dévora plusieurs hommes, et lorsqu'en troupe il estait poursuivy, il se retirait dans les roches, si bien qu'il fallait un homme seul pour « le combattre, à cause du chemin difficile et estroit. Le grand roy François, « d'un courage indomptable, se mit en délibération de combattre ce serpent; « pour à quoi parvenir, il fit faire une paire d'armes complette, qui se fer- « maient sur les brassars, tassètes, cuissars et habillement de teste à ressort, « qui se voient encore de présent parmy les armes du roy. Mais un gentil- « homme lui en fit faire d'autres toutes couvertes de rasoirs en plusieurs « endroits, si bien que le serpent venant à l'entortiller de sa queue et replys, « il se trancha en pièces, et le combattant, avec deux dagues de bon acier « bien assérées et poinctues, luy perça la gorge, et l'ayant tué, il revint « victorieux avec l'estonnement de toute la cour, qu'un homme eût eu cette « résolution de combattre un tant venimeux et effroyable monstre. » (*Hist. du Gastinais*, page 550).

La forêt de Fontainebleau comprend environ 34,000 arpents et son périmètre se développe en 12 lieues de tour. La figure qu'elle décrit est presque ronde et le château se trouve à peu près au point central. Henri IV fit faire une route, dite la route *ronde*, parce qu'elle tournait autour de la forêt. On y plaçait les relais quand le roi courait le cerf; une infinité d'autres routes la traversent ou la parcourent et s'y croisent dans tous les sens; la nature du terrain les rend praticables en tout temps, même après les plus fortes pluies; aussi les promenades à pied, à cheval ou en voiture y sont toujours possibles et toujours agréables.

Aucune forêt peut-être ne réunit une telle variété de sites pittoresques; là, de noirs rochers semblent élever jusqu'aux nues leur masse gigantesque; ici, des arbres superbes croissent vigoureux et touffus, sur un terrain fertile; on entre dans une vallée délicieuse, et en la quittant on se trouve dans un affreux désert. De vastes plaines verdoyantes y sont interrompues par des gorges profondes, où des masses de grès ont roulé pêle-mêle les unes sur les autres. La diversité des arbres égale la variété des sites, les pins de l'Italie s'y trouvent comme les sapins du Nord, le chêne comme le hêtre, l'érable comme le bouleau.

Sur les bords de la forêt, les *platières* (plaines plus ou moins étendues, au sommet des rochers) offrent presque de tous côtés les plus beaux points de vue. Signalons surtout la montagne de *Bouron*, d'où on découvre Nemours, à l'extrémité d'une allée charmante, auprès de laquelle coule le *Loing*; des platières *du Calvaire* la vue s'étend du côté de Montereau et de Sens; mais de ces divers points de vue, le plus beau se trouve à l'extrémité des monts de Faës du côté du Cuvier et de Châtillon.

Il convient d'indiquer ici les endroits les plus remarquables de la forêt qu'on ne doit pas manquer de visiter:

1° La vallée de la *Solle*, tout auprès de laquelle se trouve le curieux rocher de Saint-Germain, dont les pierres sont presque toutes cristallisées;

2° La mare aux Evés, lieu très pittoresque, non loin de la route de Melun;

3° Le carrefour de Bellevue;

4° La gorge au Loup et les hauteurs au-dessus du village de Montigny;

5° Enfin, *Franchard*, sur lequel nous ne pouvons nous dispenser de donner quelques détails.

Franchard. — L'ermitage de *Franchard* se trouve à l'ouest et à une lieue et demie de la ville, au centre des sables et des rochers, dans un affreux désert, au milieu d'une désolante solitude. Il fut néanmoins, et pendant longtemps, habité par l'ermite Guillaume, chanoine régulier de Saint-Euverte d'Orléans, à qui Philippe-Auguste en avait fait donation à vie.

Pour faire juger ce que devait être *Franchard* au douzième siècle, voici quelques lignes d'une lettre qu'écrivait à l'ermite Guillaume, le Père Etienne, abbé de Sainte-Geneviève :

« Je ne vous dissimulerai pas, lui dit-il, que j'étais frappé
« de terreur à la pensée d'une solitude si horrible que les
« hommes et les bêtes féroces elles-mêmes semblent craindre
« de l'habiter; l'herbe ne croît pas sur cette terre aride, et
« l'eau qui coule goutte à goutte de la roche(1) qui est proche
« de votre cellule n'est ni belle à voir, ni bonne à boire. » Et le bon abbé ajoute la recommandation à l'ermite de ne pas sortir à moins de grande nécessité, pour éviter le sort de deux de ses devanciers assassinés par des voleurs.

Les terreurs de l'abbé Étienne ne changèrent pas la manière de vivre du fervent anachorète; mais il demanda et obtint de Philippe-Auguste, que l'ermitage serait cédé aux religieux de l'abbaye de Saint-Euverte d'Orléans, à laquelle il avait appartenu, et le roi y consentit par une charte de 1197, sous la condition que l'abbé de Saint-Euverte entretiendrait à *Franchard* deux religieux, obligés de prier pour le roi, et d'y suivre le genre de vie du frère Guillaume, à moins qu'ils n'en préférassent un plus austère (2).

L'ermitage de *Franchard* se peupla bientôt de religieux, et devint par la suite un monastère considérable enrichi par la charité des fidèles. Le Père Guillaume était le prieur de la communauté naissante, lorsqu'il mourut saintement dans son lit.

La chapelle, qui avait d'abord été placée sous l'invocation de saint Alexis, fut ensuite dédiée à *Notre-Dame de Franchard.*

Les guerres du quatorzième siècle avaient ruiné ce monastère quand Louis XIV le donna, en 1676, aux religieux mathurins de Fontainebleau.

Jusqu'à la destruction du couvent, ordonnée en 1712, pour que ce saint asile ne devînt pas une retraite de voleurs, les

(1) Cette roche, nommée *la Roche qui pleure*, est haute d'environ dix pieds, et d'une largeur à peu près égale; creuse à sa superficie, les eaux pluviales y séjournent, s'y infiltrent, et s'échappent ensuite goutte à goutte par les fentes du rocher. On croyait autrefois que cette eau avait la vertu de guérir la fièvre, et on venait de très loin en chercher.

(2) *Nisi ibidem degere voluerint vitâ arctiori;* ce sont les termes de la charte.

Mathurins allèrent tous les ans, le mardi de la Pentecôte, célébrer l'office à la chapelle de Notre-Dame de Franchard qu'ils avaient fait rétablir.

On a construit sur les ruines du monastère la maison d'un des gardes de la forêt (1). Le mardi de la Pentecôte, c'est toujours fête à *Franchard*, les populations y accourent, mais non plus comme autrefois pour y prier; à peine quelques vieilles femmes dans leur pieuse crédulité vont-elles encore y recueillir un peu de l'eau de *la roche qui pleure*.

C'est un spectacle singulier que celui de cette foule de personnes de tous rangs de tout âge de tout sexe, en voitures, à cheval ou à pied, qui vont ou viennent ce jour-là sur la route de Franchard; tous les véhicules sont mis en réquisition, rarement ils suffisent aux demandes, et il y a des chevaux et des ânes qui font jusqu'à dix fois le trajet; Franchard offre ce jour-là le spectacle d'une espèce de foire, au lieu du silence et du recueillement qui en étaient autrefois le caractère. C'est un tohu-bohu, c'est une cohue; ici on danse au son de quelques instruments discordants; là on joue, on boit ou on mange; plus loin des baladins rassemblent la foule ébahie; puis la journée finie, on revient harassé, étourdi, et on se promet le même plaisir pour l'année suivante.

Franchard nous a fait perdre de vue le reste de la forêt; revenons-y pour dire combien la variété des sites, la beauté et la diversité des arbres, la forme et le ton des rochers, offrent aux paysagistes des sujets infinis pour leurs études; aussi pendant la belle saison, et vers l'automne surtout, quand les feuilles commençant à jaunir donnent aux arbres ces tons chauds et variés qui ajoutent au pittoresque, on peut dire que la forêt est peuplée d'artistes, et c'est à tel point que le moment arrivera où il n'y aura pas un rocher, pas un arbre remarquable, pas un point de vue, qui n'aura été peint ou dessiné. Mais ce n'est pas seulement aux peintres que la forêt offre des sujets, les naturalistes y trouveront aussi une extrême diversité de plantes, depuis les plantes tropicales jusqu'aux plantes alpestres, et des insectes d'une multitude d'espèces qui fourniront des motifs variés à leurs études.

Un seul agrément semble manquer à cette belle forêt, les eaux y sont rares; la fontaine des *acacias*, celle du *mont chauvet* et du *calvaire*, et une source dans la partie du bois appelée *la Madeleine*, sont à peu près les seules eaux qu'on y rencontre.

(1) Tout auprès on a creusé, il y a vingt ans, un puits curieux par sa profondeur, qui est de deux cents pieds, et dont l'eau est excellente.

Le gibier y était jadis très abondant ; il y en a beaucoup moins aujourd'hui ; cependant il serait difficile de trouver ailleurs plus de cerfs, de biches, de daims, et même de sangliers, de lièvres et de lapins.

Cette abondance de gibier fait de cette forêt, depuis les temps les plus reculés, un lieu de prédilection pour les chasses royales ; tous nos rois y en ont goûté le plaisir. Saint Louis, le plus sage d'entre eux, qui aimait tant ses *chers déserts de Fontainebleau*, y venait souvent pour y prendre *le déduit* de la chasse, si bien qu'un jour comme il poursuivait un cerf, il perdit sa suite et tomba au milieu d'une bande de voleurs ; sans s'émouvoir, il sonna aussitôt d'un petit cor qui était suspendu à son cou, et aussitôt ses gens accoururent et le délivrèrent ; pour perpétuer la mémoire de cet événement, arrivé le 22 janvier 1264, jour de Saint-Vincent, on éleva, à la place où le roi avait été arrêté, une chapelle à laquelle on donna d'abord le nom de Saint-Vincent de *Mont-ouï*, qui fut remplacé par celui de *Saint-Louis* après la canonisation du saint roi, en 1297. Cette chapelle fut détruite en 1701, plusieurs ermites y ayant été tués (1).

Mais de tous les souverains qui ont habité Fontainebleau, Henri IV est celui qui eut le plus de passion pour la chasse, dont souvent Sully le grondait ; ceci nous amène à raconter une aventure merveilleuse que plusieurs historiens contemporains (2) affirment être arrivée à ce prince, nous citons :

« Le roy, accompagné de plusieurs seigneurs, étant à la chasse dans la forêt, entendit un grand bruit de plusieurs personnes qui donnoient du cor assez loin de lui, les jappements des chiens et les cris des chasseurs, bien différents des siens, et éloignés d'une demi-lieue, et en un instant tout ce bruit se fit entendre près de lui. Sa Majesté, surprise et étonnée, envoya le comte de Soissons et quelques autres pour découvrir ce que c'étoit, et aussitôt ils entendirent ce bruit près d'eux, sans voir d'où il venoit, ni qui c'étoit, sinon qu'ils aperçurent dans l'épaisseur de quelques broussailles, un grand homme noir et fort hideux qui leva la tête et leur dit *m'entendés-vous?* ou *qu'attendés-vous?* ou, selon d'autres, *amendés-vous* ; ce qu'ils ne purent distinguer, étant saisis de frayeur, et qu'aussitôt ce spectre étoit disparu ; ce qui ayant été rapporté au roy, Sa

---

(1) Blanche de Castille, la digne mère du saint roi, se plaisait à Fontainebleau et en aimait la forêt, où l'on voit encore un vieux chêne, dit *de la Reine Blanche*, sous l'ombrage duquel M. de Châteaubriant, à l'âge de quinze ans, composa quelques vers.

(2) Matthieu. — P. Cayet. — Péréfixe.

Majesté s'informa des charbonniers, bergers, bûcherons et autres qui sont ordinairement dans cette forêt, s'ils avoient déjà vu de tels fantômes et entendu de tels bruits, et qu'ils répondirent qu'assez souvent, il leur apparoissoit un grand homme noir avec l'équipage d'un chasseur et qu'on appeloit le *grand-veneur*. L'historien Matthieu ajoute que Sully, étant en son cabinet au pavillon du grand jardin de ce château, et l'ayant entendu un soir, étoit venu pour voir le roy, le croyant de retour, quoiqu'il fût à trois lieues de là (1). »

La forêt de Fontainebleau méritait d'être chantée par un poëte; un nouveau Maître-Adam s'est rencontré parmi les enfants de la ville, poëte que la nature seule a formé; Alexis Durand, menuisier à Fontainebleau, s'est montré le digne confrère du menuisier de Nevers : terminons par quelques vers du poëme d'Alexis Durand (2), ce que nous venons de dire sur Fontainebleau.

> Plus que tout autre lieu j'aime Fontainebleau,
> Ses roches, sa forêt, ses jardins, son château.
> L'œil a vu des forêts d'une vaste étendue
> Que réclame la hache ainsi que la charrue;
> Des forêts renfermant, mais sans art et sans choix,
> Des bois, des prés, des champs, des champs, des prés, des bois.
> Aucun nom n'embellit leur uniforme enceinte;
> Jamais le voyageur, de surprise ou de crainte,
> N'y ralentit sa marche ou ne hâte ses pas :
> J'en excepte ces lieux pour moi remplis d'appas,
> Ces lieux, où frémissant d'une ivresse sublime,
> Pauvre, mais inspiré, j'allais de cime en cime,
> Dévorant mes chagrins, commencer quelques vers,
> Et d'un vaste coup d'œil embrasser l'univers.
> Qui ne reconnait point l'impénétrable masse
> Où règne le Mont-Blanc sur un trône de glace ?
> Oui, ces lieux exceptés, les plus belles forêts,
> Leurs rochers, leurs vallons n'égaleront jamais
> L'étonnante beauté, le spectacle champêtre
> Des lieux chers à mon cœur, des lieux qui m'ont vu naître.

(1 Sully dit à ce sujet dans ses Mémoires : « On cherche encore de quelle « nature pouvoit être ce prestige vu si souvent et par tant d'yeux dans la « forêt de Fontainebleau. C'étoit un fantôme environné d'une meute de « chiens dont on entendoit les cris et qu'on voyoit de loin, mais qui dispa- « roissoit dès qu'on approchoit. » (SULLY, liv. x, tome II.)

(2) *La Forêt de Fontainebleau*, poëme en quatre chants, 1836.

FIN.

TABLE DES MATIÈRES.

	Pages.
Ablon, station	33
Administration du chemin de fer	13
Agents de surveillance	14
Amortis. du fonds social (tabl. de l')	3
Athis-Mons	34
Avon	47 et 68
Bagages (dispositions relatives aux)	18
Bagages (produit du transp. des)	9
Bagages (tarif du transport des)	25
Bateaux à vapeur, leur pass. à *Corbeil*.	41
id. id. à *Valvin*.	46
Beauvoir (château de)	37
Bercy	28
Bestiaux (tarif du transport des)	26
Bureaux de l'adm. du chemin de fer.	13
Bureaux de dépôts et renseignements.	20
Cantonniers (disp. relatives aux)	16
Chailly	44
Charenton-le-Pont	29
Chasselas (origine du)	67
CHATEAU DE FONTAINEBLEAU	48
Châtillon, station	33
Chemin de fer (notice sur le)	4
Chevaux (tarif du transport des)	26
Chevaux et voitures (transp. des)	7
CHOISY-LE-ROI, station	30
Commissaires de police	14
Comparaison des résultats de l'exploitation	11
Conducteurs (disp. relatives aux)	16
Conflans (château de)	29
Convois (dispositions relatives aux)	16
CORBEIL	37
CORBEIL à PARIS (route de)	41
Départs (tableau des heures de)	21
Dépôts et renseig. (bureaux de)	20
Direction et des travaux (comité de)	13
Distances (tableau des)	24
Draveil	33
Essonne, commune	42
Essonne, rivière	38

	Pages.
Etampes (voitures pour)	25
Etioles	37
Evry, station	36
Folie-Barbot (la)	37
FONTAINEBLEAU (CHATEAU DE)	48
FONTAINEBLEAU, ville	44
Fontainebleau (voitures pour)	20 et 25
FORÊT (la) de *Fontainebleau*	69
Franchard (ermitage de)	70
Fromont (château de)	36
Gare (la), village	28
Ingénieurs des travaux	13
Ivry	28
JARDINS (les) du chât. de *Fontainebleau*	64
Joigny (voitures pour)	20
Juvisy	34
Laborde (hameau de)	36
La Ferté-Aleps (voitures pour)	25
Législation	1
Locomotives (nombre de)	5
Locomotives (trajet parcouru par les)	12
Malesherbes (voitures pour)	25
Marchandises (tarif du transp. des)	26
Marchandises (disp. relatives aux)	18
Marchandises (prod. du transp. des)	9
Marne (la), rivière	29
Matériel pour l'exploitation	5
Melun (voitures pour)	20 et 25
Messageries (tarif du transp. des articles de)	25
Milly (voitures pour)	25
Mons, hameau	34
Montargis (voitures pour)	20 ou 25
Montereau (voitures pour)	20
Morman (voitures pour)	id.
Mousseau (château de)	36
Mouvement mensuel des voyageurs	6
Id. des voyageurs, par stat.	8

	Pages.		Pages.
Nangis (voitures pour).	20	Seine-et-Marne (dép. de).	43
Nemours (voitures pour).	20 et 23	Seine-et-Oise (dép. de).	51
		Sens (voitures pour).	20
Orge, rivière.	34	Stations (chefs de).	14
Orly.	32	Statuts (extrait des).	1
Ossonville (château d').	34	Surveillance (agents de).	14
		Soisy-sous-Etioles.	37
PARC (le) du chât. de Fontainebleau.	64		
Parcours (durée du).	21	Tenders (nombre de).	5
PARIS à CORBEIL (route de).	27	Thomery.	46
Petit-Bourg (château de).	36	Trajet parcouru par les locomotives.	12
Pied-de-Fer (le).	35	Travaux (comité de direction et des).	13
Places (prix des).	24	TREILLE DU ROI (la).	67
Police (dispositions de).	15		
Police (commissaires de).	14	Vagons (nombre de).	6
Ponthierry.	43	Valvin.	45
Port à l'anglais.	50	Ver-le-Grand (voitures pour).	23
PRESSOIRS DU ROI (les).	68	Villeneuve-le-Roi.	33
Pringy.	44	Villeneuve-Saint-Georges.	id.
Provins (voitures pour).	20	Viry.	35
Produit du transp. des voyageurs.	9	Vitry.	30
Produit du transp. des bagages.	id.	Voitures partant de Corbeil.	23
Produit du transp. des march.	id.	Voitures à Fontainebleau pour Corbeil, etc.	44
Recettes, par mois.	id.	Voitures à Paris conduisant au chemin de fer.	20
Id. par stations.	id.		
Renseig. et dépôts (bureaux de).	20	Voitures et chevaux (transp. de).	7
Règlement (extrait du).	15	Voitures à voyageurs (nombre de).	5
Ris-Orangis.	36	Voyageurs (disp. relatives aux).	18
Savigny-sur-Orge.	35	Voyageurs (mouvement des).	6 et 8
Seine (département de la).	28	Voyageurs (produit du transp. des).	9
Seine, fleuve.	id.	Yères, rivière.	32

FIN DE LA TABLE.

www.ingramcontent.com/pod-product-compliance
Lightning Source LLC
LaVergne TN
LVHW050623090426
835512LV00008B/1630